《商君书》译注

张亲霞 译注

商务印书馆
The Commercial Press

图书在版编目(CIP)数据

《商君书》译注/张亲霞译注.—北京:商务印书馆,
2022(2024.5重印)
ISBN 978-7-100-21026-3

Ⅰ.①商… Ⅱ.①张… Ⅲ.①《商君书》—译文
②《商君书》—注释 Ⅳ.①B226.2

中国版本图书馆 CIP 数据核字(2022)第063478号

《商君书》译注

张亲霞 译注

商 务 印 书 馆 出 版
(北京王府井大街36号 邮政编码100710)
商 务 印 书 馆 发 行
北京中科印刷有限公司印刷
ISBN 978-7-100-21026-3

2022 年 8 月第 1 版 开本 880×1230 1/32
2024 年 5 月北京第 2 次印刷 印张 6⅜

定价:80.00 元

序

习近平同志在党的十九大报告中提出："文化是一个国家、一个民族的灵魂。文化兴国运兴，文化强民族强。没有高度的文化自信，没有文化的繁荣兴盛，就没有中华民族伟大复兴。"中国古代先贤所撰著的大量文献典籍是中华优秀传统文化的重要载体，也是我们传承发展中华优秀文化的基础。因此，要弘扬中华民族优秀文化，实现中华民族的伟大复兴，自然离不开对历代传承下来的文献典籍进行必要的整理、诠释和保护工作。而要让历史时期的文献典籍，尤其是数千年前的文化经典跨越时空，走进人民群众的生活，让其优秀的思想理念、价值标准成为构建人类命运共同体的有益养分，对文化经典进行必要的诠释，让一般读者都能够较为容易地阅读、理解，这是一项非常不易而又十分有益的工作。呈现在读者面前的、由张亲霞教授撰著的这本《〈商君书〉译注》，就是该项工作的有益尝试。

《商君书》是先秦法家的重要著作之一，也是后世研究以商鞅为代表的战国中期法家思想和学说的重要依据。战国之世，上承春秋五霸迭兴之余绪，七雄并兴，战乱不息，成为华夏历史上分裂对抗最严重而持久的时代之一。在此一社会背景下，涌现出一大批有识之士，他们积极创派立说，游走列国，以探求变革救世之道。在宣传己说的过程中，各派著书立说蔚然成风，《汉书·刑法志》载当时形势及风气云："春秋之后，灭弱吞小，并为战国……雄杰之士因势辅时，作为权诈以相倾覆，吴有孙武，齐有孙膑，魏有吴起，秦有商鞅，皆禽敌立胜，垂著篇籍。"《汉书·艺文志》于法家类列十家二百一十七篇，其中有"《商君》二十九篇"，并自注云："名鞅，姬姓，卫后也，相秦孝公，有《列传》。"此处所谓的"《商君》"，即《商君书》，现存二十六篇，其中含《刑约》《御盗》二篇仅有篇目而原文已亡佚者，实只有二十四篇。这其中，《更法》《错法》《徕民》《弱民》《定分》等篇，学术界已辨其作于商鞅身后，非商鞅所著。因此，旧题"商鞅撰"的《商君书》，其并非一时一人所作，而是商鞅遗著及其后学著作的合编。

商鞅，约生于公元前 390 年，卒于公元前 338 年。据《史记·商君列传》所载，商鞅原是卫国诸庶孽公子，故有"卫鞅""公孙鞅"之称。其后入秦相秦孝公变法，因功而封于商之地，号为"商君"，故又有"商鞅"之名，反映其变法思想的《商君书》的书名，即基此而来。

商鞅是战国时期著名的思想家、政治家和军事家，也是战国中期法家学派的代表人物之一。法家思想出现于春秋后期，以郑国子产为代表。作为一个独立的学派则形成于战国中期，其中又以变法于秦的商鞅为代表，刘劭《人物志·流业》即云："建法立制，强国富人（兵），是谓法家，管仲、商鞅是也。"法家作为一个学派，其学说特点，司马谈在《论六家要旨》中有中肯的评论："法家不别亲疏，不殊贵贱，一断于法，则亲亲尊尊之恩绝矣。可以行一时之计，而不可长用也，故曰'严而少恩'。若尊主卑臣，名分职不得相逾越，虽百家弗能改也。"《汉书·艺文志》亦云："信赏必罚，以辅礼制。《易》曰'先王以明罚饬法'，此其所长也。及刻者为之，则无教化，去仁爱，专任刑法而欲以致治，至于残害至亲，伤恩薄厚。"然若析言之，则其主张又因人而异。如法家创始人李悝主张变法和以法治国；道法兼具的法家人物慎到以讲"势"为主，吸收道家思想，把道的理论与势、法结合在一起，给势、法以理论的论证；由"术治"走向"独断"的早期法家人物申不害以言"术"为主，兼论法、势，受道家的影响，发展了人君南面之术；法家的奠基者和实践者商鞅则重"法"，提倡耕战和以法治国，强调重罚；战国末期的韩非子批判地吸收了法家各派的思想，形成了以"法"为核心，"法""术""势"三位一体的系统完备的法治主义理论体系，成为法家学派的典型代表。在战国时期法家学派的发展中，商鞅以在秦推行变法卓有成效而成为法家学派重要的奠基者和实践者。

商鞅少好刑名之学，侍魏相公叔座为中庶子。然其才不见用，在公叔座死后，听闻初即位的秦孝公下令国中求贤，于是由魏入秦，因孝公宠臣景监的引荐而得见秦孝公，先后以帝道、王道、霸道、强国之道游说孝公。其霸道之策得到秦孝公的赞许，而强国之道成为此后秦国强盛的根基。在秦孝公的大力支持下，商鞅于公元前 356 年和公元前 350 年在秦国先后两次变法，历时 18 年。商鞅在秦变法的主要内容，《史记·商君列传》中有两段话可窥其梗概，一曰："令民为什伍，而相牧司连坐。不告奸者腰斩，告奸者与斩敌首同赏，匿奸者与降敌同罚。民有二男以上不分异者，倍其赋。有军功者，各以率受上爵；为私斗者，各以轻重被刑大小。僇力本业，耕织致粟帛多者复其身。事末利及怠而贫者，举以为收孥。宗室非有军功论，不得为属籍。明尊卑爵秩等级，各以差次名田宅，臣妾衣服以家次。有功者显荣，无功者虽富无所芬华。"一曰："令民父子兄弟同室内息者为禁。而集小乡邑为县，置令、丞，凡三十一县。为田开阡陌封疆，而赋税平。平斗桶权衡丈尺。"以上内容大体上可归纳为：（一）废井田、开阡陌封疆，实行"授田制"，国家直接征收赋税；（二）废除"世卿世禄"制，奖励军功，不论出身，依军功受爵赏；（三）建立县制，加强君主集权；（四）推行重农抑商政策，奖励农业生产，抑制工商业；

（五）废除大家族，男子成年必须另立门户，以增加户赋；（六）统一秦国的度、量、衡；（七）重刑，推行什伍、告奸、连坐之制。

秦孝公死后，商鞅受到秦国守旧贵族势力的攻击，被继位者秦惠文君施以车裂之刑而死。然其在秦国推行的变法措施却并未被废除，反映其变法思想的著述也广为传布，《韩非子·五蠹》即载，"今境内之民皆言治，藏商、管之法者家有之"，该书《定法》《七术》等篇也多见引"公孙鞅"的话。司马迁在《史记·商君列传》后的"太史公曰"中亦言道："余尝读商君《开塞》《耕战》书，与其人行事相类。"这说明，商鞅身后，记述其变法思想的《商君书》一书就已广为流传，并影响深远。司马迁在《史记·商君列传》中对商鞅变法具体措施的书写，在《商君书》中被确认为商鞅所著的《农战》《去强》《算地》《靳令》《修权》《赏刑》《画策》《境内》诸篇中亦多有述及，自应是真实可信的。

需要提及的是，为贯彻其变法思想，商鞅变法措施中当包含有"燔《诗》《书》而明法令"等针对儒家的内容，这主要是因为当时的法家学派和儒家学派在政治、思想诸方面存在着许多根本对立的见解。如政治上，法家主张以刑法治国，儒家主张"以德治国""以文教为政"；经济上，法家主张"废井田，开阡陌"，儒家维护"井田制"；思想上，法家比较激进，主张变法革新，儒家趋于守旧，言必称尧舜，法不过周孔。因此，要使变法措施得到贯彻落实，必须消除这些被他斥作"虱子"的"贫国弱兵之教"。商鞅变法中的此类举措，在《商君书》《史记》等文献中虽无明文言及，却不乏些许旁证。如《商君书·农战》云："农战之民千人，而有《诗》《书》辩慧者一人焉，千人者皆怠于农战矣。""虽有《诗》《书》，乡一束，家一员，犹无益于治也。"《去强》云："国有礼、有乐、有《诗》、有《书》、有善、有修、有孝、有弟、有廉、有辩。国有十者，上无使战，必削至亡；国无十者，上有使战，必兴至王……国用《诗》《书》、礼、乐、孝、弟、善、修治者，敌至，必削国；不至，必贫。"《靳令》云："六虱：曰礼、乐，曰《诗》《书》，曰修善，曰孝弟，曰诚信，曰贞廉，曰仁、义，曰非兵，曰羞战。国有十二者，上无使农战，必贫至削。""（国）无六虱，必强……有六虱，必弱。""六虱不用，则兵民毕竞劝而乐为主用。"等等。《韩非子·和氏》则明白直言道："商君教孝公……燔《诗》《书》而明法令。"另，秦始皇三十三年置酒咸阳宫，仆射周青臣、博士淳于越等就是否行封建而辩议，丞相李斯则从"古者天下散乱，莫之能一"出发，建言实行文化钳制政策，提出"非博士官所职，天下敢有藏《诗》《书》、百家语者，悉诣守、尉杂烧之。有敢偶语《诗》《书》者弃市……"其说得到始皇的支持。李斯虽曾受学于战国末期大儒荀子，然其思想学说却实为法家无疑。而其"燔烧《诗》《书》以明法令"的举措，应不无受到法家前辈商鞅变法主张的影响。基此而论，《韩非子》所载商鞅变法时曾有"燔《诗》《书》而明法令"的举措，这是符合法家"法令一出"的主张的，也应是可信的史实记载。

商鞅所处的时代，各诸侯国间战乱不息，纷扰不止。列国间的战争，对于大国来讲，不外乎满足其扩张领土和掠夺财富的欲望，及削弱对方的有生力量。对于小国而言，则是关乎着国家的生死存亡。因此，如孟子所说，"争地以战，杀人盈野；争城以战，杀人盈城"的惨烈场面，乃是这一时期战争的常态。社会因战而乱，乱久而求变。正因列国间的战争常与一个国家的生死存亡密切相连，是这一时期最为突出的社会问题，故如何解决这一问题，不仅是各国当政者要面对的现实，也为当时各家学派所瞩目。但不管是儒家的仁政王道学说，还是道家的自然无为之策，抑或是墨家的兼爱非攻主张，都不能切中时弊，只有法家对这一时期的社会变动观察最为细致，他们基于历史进化论和人性好利论，认识到在分裂割据之乱世，战争是无法避免的，要解决这一尖锐的社会问题，战争是唯一途径。但战争不仅是双方军事实力的比拼，更是经济实力和才智的较量。在战争频繁的战国时代，实力常常是战争胜负的决定性因素。而在社会诸种因素中，"农"与"战"又是力的根本源泉，"国之所以兴者，农战也"、"国待农战而安，主待农战而尊"（《商君书·农战》）、"圣人之为国也，入令民以属农，出令民以计战……富强之功可坐而致也"（《商君书·算地》）。基此，法家针对旧的土地制度、世官世禄制阻碍了国家经济实力的增长，堵塞了贤能人士上升渠道的现实情况，主张国家应通过奖励耕战、使能禄功等变革或变法活动来重新分配权力、地位和俸禄。李悝在魏国变法时，提出"尽地力之教"（《汉书·食货志》），以及"为国之道，食有劳而禄有功，使有能而赏必行、罚必当"、"夺淫民之禄，以来四方之士"（《说苑·政理》）的"使能禄功"主张。吴起在楚国变法时，推行"捐不急之官，废公族疏远者，以抚养战斗之士"（《史记·吴起列传》）的措施。商鞅曾侍于魏，后受李悝《法经》六篇以相秦（《新论·补遗》），可知他对李悝在魏国的变法主张是十分了解的，是以他在秦行变法时，提出"国待农战而安，主待农战而尊"（《商君书·农战》）、"富贵之门必出于兵"、"官爵必以其力"、"宗室非有军功论，不得为属籍"、"有功者显荣、无功者虽富无所芬华"（《史记·商君列传》）等主张，其中不无受李悝变法思想的影响。这些变法主张都是基于对当时社会尖锐矛盾的正确认知而提出的，是顺应历史潮流的举措，因而取得了富国强兵的实效。蔡泽在述商鞅变法的政绩时说："兵动而地广，兵休而国富，故秦无敌于天下，立威诸侯"（《战国策·秦策三》）。《史记·商君列传》亦载商鞅变法举措在秦行之十年后的效果说："秦民大说，道不拾遗，山无盗贼，家给人足。民勇于公战，怯于私斗，乡邑大治……秦人富强，天子致

胙于孝公，诸侯毕贺。"可以说，商鞅变法的成效及其变法主张在秦
国之后的继续推行，为秦人后来灭六国而一统天下打下了坚实的
基础。

为古籍作译注工作不易，不但要求译注者具备通博而扎实的文史
知识基础，而且要求其有良好的文史综合素养。如此，方能达到博通
而不至郢书燕说、简约而不尚繁琐考证、详恰而避免词不达意。对
《商君书》文字进行校释、译注等工作，前贤时俊已有不少成果可为
参考。如清人俞樾的《诸子平议》、孙诒让的《札迻》、于鬯的《香草
续校书》、陶鸿庆的《读诸子札记》，近人朱师辙的《商君书解诂定
本》、杨树达的《积微居读书记》、高亨的《商君书注译》、蒋礼鸿的
《商君书锥指》，以及今人张觉的《商君书全译》《商君书校注》，贝远
辰的《新译商君书》等。张教授对《商君书》进行新的注释、译文、
题记工作，特别是每篇的题记对各篇思想主旨的诠释，读者在阅读此
书时当能感悟到。

我于《商君书》向无深研，本无置喙之地。故张教授嘱我为其新
作《〈商君书〉译注》写序时，延宕月余，迟迟未敢下笔。然张教授
是我同门大师姐，她有所嘱，作为师弟，又岂敢不从！是以不揣愚
陋，硬着头皮，拉拉洒洒赘言如上，以聊免曳白，僭充序差吧！

吕亚虎[1]

辛丑年夏至草于西京城南一得斋

---

[1] 吕亚虎，陕西师范大学历史文化学院教授。

自　序

　　商鞅（约前390—前338年），卫国国君后裔，名公孙鞅，又名卫鞅。因被秦孝公封于商地（今陕西商洛市东南），后世多称为商鞅、商君。据《史记·商君列传》记载，商鞅早年便"好刑名之学"，受法家、兵家、杂家等各家思想影响较大，很早就显示出非凡的才能。因在魏国郁郁不得志，受秦孝公的求贤感召，去魏入秦。公元前359年，商鞅和秦孝公大臣甘龙、杜挚辩论，被秦孝公赏识重用。公元前356年商鞅变法，实行连坐告奸制度，奖励军功，打击了传统宗室势力。商鞅变法对秦国的风俗文化产生了深远的影响，变法"行之十年，秦民大说，道不拾遗，山无盗贼，家给人足。民勇于公战，怯于私斗，乡邑大治"。秦国日趋强盛，为后来秦始皇统一六国奠定了坚实的基础。商鞅变法是古代社会秩序的一次大变革，是对西周建立的礼制社会的挑战。由于变法损害了秦国既得利益集团的利益，"不得恩于众"，遭到以太子为首的宗室贵戚势力的反抗，商鞅被车裂而死，变法落幕。

　　《商君书》是一部集体的创作，由商鞅及其学派弟子在不同时期编纂成书，这一点可以从其体例的杂芜中得到反映。从体例看，有论辩体，也有法规条文；从风格论，有论辩色彩突出，语言棱角分明的，也有文采修辞轻松自然的。虽然如此，《商君书》整体上反映了商鞅的思想。今天，我们不必去严格地辨别《商君书》每篇文章的"真伪"，而是将其整体作为商鞅及其后学的思想反映。

《商君书》是秦国制度渊源的重要文献来源，具有较高的文献和思想价值。《商君书》的成书记载最早见于《韩非子》。《韩非子·五蠹》："今境内之民皆言治，藏商、管之法者家有之。"后代对商鞅和商鞅变法的评价，受到太史公司马迁"刻薄寡恩"之说的影响，在人们的思想中形成了一种定式，认为商鞅、韩非之说"残忍而无疑"。汉初贾谊等儒者对秦的灭亡进行了反思，把秦的速亡和法家"重罚"思想联系在一起，使得法家作为诸子之一渐趋沉寂。加之《商君书》不如《管子》《韩非子》全面、深厚，更加不受学者重视。在传统历史文化的长河中，人们对法家更多从消极意义上来评价。正如《四库全书总目·法家类·小叙》所言："观于商鞅、韩非诸家，可以知刻薄寡恩之非。鉴于前车，即所以克端治本。"① 意思是说，《商君书》的价值不在于提供正面的治国借鉴，而在于其"刻薄寡恩"所带来的负面政治效果，可以起到对后世的警醒作用。

由于上述原因，对于《商君书》，历来学者用力甚少。在传播的过程中，字体缺谬，语句脱落，衍文增句，无所不有。清代严可均、俞樾、孙诒让等人先后为其理董，《商君书》的整理、注疏渐有成绩。20 世纪初，王时润、朱师辙等人先后对《商君书》重加勘校，《商君书》的可读性进一步增强。

中华人民共和国成立之后，商鞅及其变法受到了极大的关注。杨宽、冯友兰、高亨、杨树达等学者，又从不同的角度对《商君书》进行了研究，成绩卓著。"文革"期间，"四人帮"掀起"批林批孔"运动，大力提倡法家，批判儒家。应社会政治潮流的需要，一些单位组织了对法家著作的评注。如章诗同注《商君书》（上海人民出版社1974 年版）等。但是这一时期对《商君书》的注释评论受"评法批

---

① 纪昀等：《四库全书总目》，中华书局 1965 年版，第 847 页。

儒"的影响，是政治运动的产物。

改革开放后，《商君书》的译注回到了正常的学术轨道。张觉的《商君书全译》《商君书校注》，李存山的《商鞅评传》等，都在学术界产生了较大的影响。当代中国港台地区与日本关于《商君书》的译注，亦取得了不菲的成绩。贝远辰的《新译商君书》等，影响较大。

然而，对于优秀传统文化的创造性转化、创新性发展，仍然存在着不少问题。比如对于传统典籍现代运用的漠视，对原典的阅读减少等，还没有得到根本的扭转。近年来，随着中国经济社会的发展，传统文化传承问题再一次受到全社会的关注。2017 年 1 月 25 日开始实施的《关于实施中华优秀传统文化传承发展工程的意见》就是明证。十八大以来，中国共产党在推进依法治国，提升治理效能方面加大了力度，法治中国、法治政府、法治社会建设不断推进。在法治理论方面，建立中国特色的法治话语体系，充分挖掘优秀传统法治思想文化资源，便成为十分重要的任务。在此背景下，重新译注《商君书》，对于加强法家文化的现代利用，纠正对法家认知的偏见等，都有十分重要的意义。

本书的译注，以中华人民共和国成立以后中华书局的三个版本为基础。这三个版本分别是：1974 年出版的高亨的《商君书注译》，1986 年出版的蒋礼鸿《商君书锥指》，2009 年石磊的《商君书》的译注本。这三个版本各有所长：高亨先生立足于音韵、文字、训诂，以严谨的考证为基础，在总结吸收前人成就的同时，又能突破旧说，独出心裁，对《商君书》研究中历来争议的问题，提出自己的看法。蒋礼鸿先生的《商君书锥指》是本书的重点参校之书。蒋礼鸿先生以严万里的校本为底本，更适合于学术研究的需要。蒋先生功底深厚，造诣精湛，其文引证广博，树一家之言，择善、匡谬、补阙、阐发，校勘文字，体察文势，纵横比较，解词释句，朴实允当。石磊先生的译著，在注释中通俗易懂，更贴近当代人的阅读习惯。我们采这三个版本所长，既考虑学术性，也十分关注注释的易读性。

本次译注，一是帮助读者读懂《商君书》，二是帮助读者理解文字背后的知识背景。比如，根据不同的话语环境，注重把字词放在特定的语境中去认知。译文对《商君书》中的"民"，就是根据语境不同，或翻译为"民众"，或翻译为"民间"或者其他。在《说民》部分，用人方面不遵循法规定的八种情况，造成民间的力量胜过政令的力量，此时就要把"民"翻译为"民间"。

全球化时代，汉语翻译为其他语种广受重视，古汉语翻译为现代汉语则受到冷落，翻译质量参差不齐。这就需要有认真的态度，做扎实的工作。在《商君书》的译文过程中，把译文和现代生活有机结合，同时又不能违背原文含义，就成为译文时一个重要问题。以《说民》篇的这句话翻译为例："国治：断家王，断官强，断君弱"，以前人们经常把这句话中的"国治"译为"治理国家"，我在翻译的时候则把它译为"国家治理"。表面上看，这只是顺序的颠倒而已，但是这一颠倒过来，其含义侧重点就发生了很大的变化。治理国家，不言而喻，在商鞅时代，其主体是君主。而译为"国家治理"，更注重从治理的对象，从国家的角度去思考问题。在这个层面，我们认为，君主、法等都是国家治理中的重要要素。《商君书》的思想从整体上是为君主的统治服务，但是我们也要看到，《商君书》也有超越时代的内涵。书中认为，国家的治理，不能完全遵循君主个人的意志，按照君主个人的喜怒哀乐，而是要遵从法的规则。这一观点不仅在君主统治时代有重要意义，就是今天，在现代化治理中，如何处理法与权的关系方面，也是有现实价值的。随着社会生活的变化，译文方面，今天大家都耳熟能详的一些语言表达，我在翻译的时候就没有把它机械地进行翻译。比如"千乘之国"就没有机械地翻译为"有一千辆兵车的国家"，而是直接用了"千乘之国"。

　　《〈商君书〉译注》的独特之处，主要是在注释和译文基础上提炼问题，并结合实际进行的评述。比如，针对学界流行的把《商君书》看做是"弱民之术""权谋之术"等，进行了澄清。在《去强》篇的译注过程中，作者对商鞅实行"弱民之术"的观点进行了辨析。在商鞅思想的民间社会传播过程中，以商鞅为代表的法家思想被认为是"弱民"之道。在译注的过程中，我对这一观念进行了具体的分析。商鞅的《去强》篇的核心内容就是常识中所说的"弱民"之道。在评述的过程中，我认为，《商君书》中所说的"强"，实质是指不遵循法令的方式；强者，其主体是指不遵从法令的民众。弱则相反，是指遵从法令的方式，遵循法的原则。参考《商君书锥指》中有关解释："民不从令曰强，从令曰弱。治国在去民之强。然去之以使民得强之道，则不足以去其强；惟以弱之之道，则强可去。"① 《商君书锥指》这里对强弱的内涵的理解比较到位，不仅如此，蒋先生还从对国家的有利、不利的角度来解释强，认为强者，是那些不能为国所用的人。实际上我们看《商君书》的原文，强弱在直接的意义上是从其实质的角度，从是否遵循法的规则角度论强弱。不同时代法的内容有质的不同，君主统治时代的法的宗旨和现代民主国家法的宗旨更是相去万里，但是我们应该看到，在法的实行的角度，在法的遵从方面，二者又有共同性。也正是因为这一点，我们说《商君书》内容中有跨时代的内涵。《商君书》的原则性很强，这一原则就是法的原则。这是商鞅"弱民"的根本遵循。

　　倡导法治主义，从而达到富国强兵的目的，是商鞅的宗旨。我在注解的时候也十分注重这一内涵的提炼，并在此基础上对《商君书》

---

① 蒋礼鸿：《商君书锥指》，中华书局 2017 年版，第 27 页。

中的任奸含义做了客观辩证的分析。《说民》篇认为,"别而规者,奸也"。也就是说,奸有两层含义,一是民众之间是有别的,是相互疏远的,二是规者,是说民众又是遵循规矩的,遵循法的规定的。民众之间相互疏远是和儒家倡导的人与人之间相亲相爱不同的。儒家注重宗法血缘亲情,血缘伦理是儒家的基本伦理基础,在此基础上儒家发展出了忠孝、仁义、礼义、廉耻等道德行为规范和道德品质,但是法家则不同。法家的伦理是建立在法的秩序和规则基础上的伦理。因此,他反对人与人之间因为血缘亲情而违反规则,相互遮掩,相互掩盖违背秩序的行为。因此,从积极意义上,法家所说的奸民是遵从法制秩序之民,用"奸民",民就会遵守法制。任奸的含义中还有另外一面,就是人与人之间不能相互隐瞒,因而要告发奸邪之行为,以保证正常的秩序。中国传统社会是建立在宗法制基础上的血缘社会,血缘亲情在社会发展中有重要作用。告奸行为虽然有强调秩序、规范的合理内涵,但是在现实的推进中往往会成为违背人情社会伦理的行为,从而容易形成人与人之间的敌视、仇恨。

受历史和时代的局限,商鞅所倡导的法治和现代意义上的法治有质的区别。但是作为传统思想文化的有机构成部分,商鞅的法治思想是中华法治文化的重要遗产。对商鞅的法治思想的批判和继承,有利于传统法治文化的创造性转化和创新性发展,使得新时代的法治文化更加具有民族性和世界性。

目　录

更 法 第 一

　　孝公平画①，公孙鞅、甘龙、杜挚三大夫御②于君。虑世事之变，讨正法之本，求使民之道。

　　君曰："代立③不忘社稷，君之道也；错法务明主长④，臣之行也。今吾欲变法以治，更礼以教百姓，恐天下之议我也。"

　　公孙鞅曰："臣闻之：'疑行无成，疑事无功⑤。'君亟⑥定变法之虑，殆⑦无顾天下之议之也。且夫有高人之行者，固见负⑧于世；有独知之虑者，必见訾⑨于民。语曰：'愚者暗于成事，知者见于未萌。''民不可与虑始，而可与乐成'。郭偃⑩之法曰：'论至德者不和于俗，成大功者不谋于众。'法者，所以爱民也；礼者，所以便事也。是以圣人苟可以强国，不法其故；苟可以利民，不循其礼。"

　　孝公曰："善！"

　　甘龙曰："不然。臣闻之：'圣人不易⑪民而教，知者不变法而治。'因民而教者，不劳而功成；据法而治者，吏习⑫而民安。今若变法，不循秦国之故，更礼以教民，臣恐天下之议君，愿孰⑬察之。"

　　公孙鞅曰："子之所言，世俗之言也。夫常人⑭安于故习，学者溺于所闻。此两者，所以居官而守法，非所与论于法之外也。三代⑮不同礼而王，五霸⑯不同法而霸。故知者作法，而愚者制⑰焉；贤者更礼，而不肖者⑱拘焉。拘礼之人不足与言事，制法之人不足与论变。君无疑矣。"

　　杜挚曰："臣闻之：'利不百，不变法；功不十，不易器。'臣闻：

'法古无过，循礼无邪。'君其图之！"

公孙鞅曰："前世不同教，何古之法？帝王不相复⑬，何礼之循？伏羲、神农教而不诛；黄帝、尧、舜诛而不怒⑭，及至文、武，各当时而立法，因事而制礼。礼、法以时而定，制、令各顺其宜，兵甲器备各便其用。臣故曰：治世不一道，便国不必法古。汤、武之王也，不循古而兴；殷、夏之灭也，不易礼而亡。然则反古者未必可非，循礼者未足多是⑮也。君无疑矣。"

孝公曰："善！吾闻'穷巷多怪，曲学多辩'。愚者笑之，智者哀焉；狂夫乐之，贤者丧焉。拘世以议，寡人不之疑矣。"于是遂出《垦草令》。

注　释

①秦孝公：姓嬴，名渠梁，公元前 361—前 338 年在位。平画：谋划、商讨。

②御：侍奉，陪侍。

③代立：接替君位。

④错法：设置法度。错，同"措"。明：彰明。主长：君主的权威、威势。

⑤疑行无成，疑事无功：疑行、疑事即"疑于行""疑于事"，即做事犹豫不决。

⑥亟：尽快。

⑦殆：表示希望的语气副词。

⑧负：背离，不一致。

⑨骜（ào）：借为"聱"，嘲笑。

⑩郭偃：晋文公时大臣，掌管卜筮之事，曾辅佐晋文公变法。

⑪易：改变。

⑫习：熟悉。

⑬孰：同"熟"，详细。

⑭常人：守常道之人。

⑮三代：指夏、商、周三个朝代。

⑯五霸：即春秋五霸，一般指齐桓公、宋襄公、晋文公、秦穆公、楚庄王。

⑰制：被控制。

⑱不肖者：指没有作为的人。

⑲复：因循，行古之道。

⑳怒：同"弩"，过分的刑罚。

㉑是：正确。

译　文

秦孝公和公孙鞅、甘龙、杜挚商讨强国大计。他们分析时势变化，研究制定法制的基本原则，寻求治民之法。

秦孝公说："做国君谋划国家社稷之事是分内之事，法度的设立必须要彰显国君的权威，这是为人臣子的行为准则。我要变法来强国，改变礼制，教化百姓，又担心天下人批评、指责我。"

公孙鞅说："我听说'做事犹豫不决是不会有功效的'。国君应该尽快下定变法的决心，消除顾虑。行高之人常被世俗非议；有独特见解的人常被嘲笑。俗话说'愚笨的人事成之后还不明白是如何成功的，聪明的人却能对未发生的事情进行预测'，'普通人是不可以与之讨论开创性事物，只可以和他共享成功'。郭偃的法则是：'有崇高道德追求的人是不会附和世俗的偏见的，成就大事业的人是不用与世俗之人商量的。'法，是爱护百姓的，礼，是方便做事的。因此，圣人治理国家，如果能使国家富强，不必沿用旧的法度；如果能使百姓受益，就不必遵循旧的礼制。"

孝公说："好！"

甘龙说："不对。臣听闻'圣人治理国家不用改变百姓的习俗，聪明的人不变法求治'。根据民众的习俗进行教化，不劳而成；依据常法治理国家，官吏驾轻就熟，百姓也安适。当今，如果变法，不遵循秦国旧法，更改礼制教化百姓，我担心天下人就该议论君主了，希望君主认真考虑。"

公孙鞅说："你所说的这些正是世俗之言。常人固守旧俗，学者沉迷于个人的闻见。固守旧俗和拘于见闻之人只能被安置在官位上遵守成法，这些人是不能和他们去讨论变革法度的问题。夏、商、周三代的礼制不同，却都能称王天下，春秋五霸所用的法制不同，但都能称霸。因此，聪明的人创制法度，愚笨的人只能用现成的法度进行约束；贤能的人变革礼制，无能的人只能被动受制于礼制束缚。甘于被礼制束缚的人是不能与之讨论变法，不能和他探讨国家大事的。君主就不要犹疑不定了。"

杜挚说："我听说'如果没有百倍的利益，就不要变法；没有十倍的功效，就不要轻易更换用具'；我还听说'效法古制不会有错，遵循旧礼不会走偏'。希望君主谨慎考虑。"

公孙鞅说："历代政教不同，我们应该效法哪个？古代帝王的礼制区别较大，我们遵循哪个？伏羲、神农用教化治理，不用法制惩罚，黄帝、尧、舜虽然实施惩罚却能量刑适当。周文王、周武王时代，他们顺应时势，建立法度，根据不同的具体情况制定礼制。礼制和法令都要根据实际情况来制定，法条、命令都要顺应时势，就像兵器、铠甲、器具、装备的制造要方便使用一样的道理。因此，我认为治理国家不能用一种方式，只要对国家有利，不一定要效法古制。商汤、周武王不死板地遵循古礼，天下称王，殷商和夏也没有因改变旧制而亡。因此，违背古制无可非议，遵循古制反而没多大好处。希望君主不要犹豫了。"

孝公说："好！我听过这样的俚语，'穷乡僻壤走出来的人易少见多怪，学识浅陋的人喜欢争辩'。让愚昧的人感到高兴的事情恰是聪明人感到悲哀的事情；狂妄的人以之为乐的事情，却是贤能的人感到沮丧的事情。我不会拘泥于世俗的议论了，不再犹豫了。"于是，孝公颁布了《垦草令》。

脱故习所闻之稳，定利民爱民之法

春秋战国以降"礼崩乐坏"，礼治秩序崩塌，新的社会秩序正在酝酿。相比于春秋时期，到了秦孝公、公孙鞅所处的战国时期，更是一个以"力"胜的年代。秦国地处偏僻的蛮荒之地，与中原诸侯交往较少，只能享有"夷翟之礼"的待遇。秦孝公登基之时，诸侯争霸，齐楚燕韩赵魏，更有淮泗小国十余。和秦国接壤的是魏国和楚国。魏国筑长城，对秦形成居高之势，楚国拥有汉中、巴、黔中等地，势力强大。当此之时，正如《史记·秦本记》所言："周室微，诸侯力政，争相并。秦僻在雍州，不与中国诸侯之会盟，夷翟遇之。"就是在这种情况下，秦孝公继承了君王之位。秦孝公是秦献公的儿子。秦孝公继承君位的时候 21 岁，血气方刚，正是立志成就一番事业的年龄。

《商君书·更法》篇极生动地记录了变法前夕改革派代表人物商鞅与保守派代表人物甘龙、杜挚的论战。论战的实质一是要不要变法，二是继续延续各国的"礼治"传统还是实行与时俱进的新的"法治"。论战中，商鞅表现了不畏艰险、矢志不渝、生气勃勃、勇敢进取的精神。《更法》主要记载了秦孝公召集甘龙、杜挚、商鞅，商议变法事宜，为秦国实行变法奠定了舆论基础。秦孝公召集御前会议的目的是，根据社会的变化，讨论"正法之本"，寻求用好的办法治理民众，治理国家。秦孝公态度是很明朗的，想要"变法以治，更礼以教百姓"，改变礼治天下的状况，实行以法来治理国家。秦孝公表明他继承君位，"代立不忘社稷，君之道也"，要履行君主的责任，担当社稷兴亡之大任，直截了当地明确表示要"更法"。但是秦孝公担心的是"天下之议"。用秦孝公的话说就是，"恐天下之议我也"。"恐"是秦孝公召开这次会议的主要动机和心理状况。"恐"的原因，是秦国统治阶级内部本来就存在着国君和宗族贵族集团之间的深刻矛盾，变法的成败，可以直接影响君位的稳定，关系到秦国的强盛与否。

商鞅在论战中提出了作为新礼制、法令开创者的素质问题。时势在变，变革者就要根据情况的变化，敢于创新，创新制度、法度适应时代的变化。同时还需要有预见性。在新东西未萌芽之时，洞悉社会发展的趋势，提出新的方案。而要做到这些，就需要变法者要勇敢，要不惧世俗的议论、嘲笑。商鞅力谏秦孝公，决定做的事情就不要犹犹豫豫，不要顾忌天下之议。高人之所以称之为高人，其见解思虑总是不同于凡夫俗子，有超越世俗之见之处。高人见微知著，发常人之未发，是先知先觉者。变法者就需要变革者的气度和精神。商鞅认为"疑行无成，疑事无功"，要敢于变革。体现了变法者生气勃勃、勇于进取的精神。这是一种决心，也是一种信念，这种决心和信念是关系到变法成败的关键。变法牵涉到利益的调整，涉及利害与权力的变化，如果没有这种精神，变法就无法突破传统习俗。

反对变法的保守派的思想具有比较明显的特征：首先是强调稳定性。遵循古礼，遵循旧的法令，社会会稳定，不会有改变带来的大的动荡性。甘龙、杜挚反对变法，他们认为，没有利益的最大化就不适合去冒险。甘龙反对变法，主要从因循带来的安稳心理出发。他说："因民而教者，不劳而功成；据法而治者，吏习而民安。"因循旧规治民，不劳而成，根据旧法进行社会治理，官吏驾轻就熟，百姓也安适。规则的变动肯定带来社会的不稳定，按照旧有法则、规矩行事没有风险。实际上规则的变化带来的是旧的秩序的打破，是社会利益的重新调整。甘龙只是从稳定带来心理上的安稳舒适感来看问题，从治理的便宜性来看问题。针对甘龙所言，公孙鞅一针见血地指出，甘龙的看法，是"世俗之言也"。在公孙鞅眼中，世俗之人，是"安于故习""溺于所闻"，是为旧习所束缚，为沉湎于一己之见的人。这样的人适宜于遵守成法，是不能和他们探讨变革旧法的事情的。其次，他们强调遵循旧礼与法条的易操作性。从官吏到民众对熟悉的东西容易掌握。突出表现在对不劳而成的强调，对驾轻就熟的崇尚。杜挚反对变法，主要从稳妥，但求无过的心态出发，认为没有百倍的利益，没有十倍的功效，不要随意变法。不求有功，但求无过，他说："法古无过，循礼无邪"，就是说遵照古代的礼没错。

　　商鞅和甘龙、杜挚的论战中，我们还可以看出，他们对法的作用有不同看法。商鞅提出，"知者作法，愚者制焉"。法是用来调节社会生活的规范，有智慧的人，创立新法，而愚笨之人受制于法，人被法所役使，成为法的奴隶。这里表面说的是法的制定与法的实施的问题，但实际上还涉及法的作用。法的作用是捆绑人的手脚还是说人根据实际情况制定法律，更好地适应社会生活的变化？这是一个不言自明的问题。商鞅认为，应该根据时事的变化立法。商鞅根据历史的经验指出："三代不同礼而王，五霸不同法而霸。"在古代，礼和法都是用来调节社会生活的，是社会生活的规范，都带有强制性的特点。商鞅认为夏商周三代能够称王，春秋五霸，齐桓公、晋文公、楚庄王、宋襄公和秦穆公之所以能够称霸，关键在于他们都能够根据各自的具体情况实行不同的礼、法。商鞅认为不同时期社会生活的规范是不同的。"伏羲、神农教而不诛，黄帝、尧、舜诛而不怒，及至文、武，各当时而立法。"伏羲、神农时代教化民众，不使用刑罚，黄帝、尧舜时代使用刑罚，但是却不过分，到了周文王、周武王时代顺应时事变化，建立了系统的礼制治理体系，促进了国家的繁荣。

　　商鞅变法是一场深刻的社会革命。"反古易礼"同"法古循礼"

是两种根本不同的社会治理思路。《更法》体现了社会治理，法治变革中的根本问题，究竟是继续坚持传统的，而且诸侯国大都在普遍使用的礼治模式，还是根据时代的变化，采取积极的变革，采用新的法治模式？这一问题概括起来就是"反古易礼"还是"法古循礼"。周代的礼治是建立在宗法血缘关系基础上的社会治理模式。礼治秩序是根基于宗族内部的嫡庶之分。嫡长子在宗族事务、政治社会事务等方面有主宰的权力。血缘关系是社会治理的基础，以血缘关系为基础建立了政治、社会伦理秩序。在这种秩序中周天子高高在上，诸侯各国听从天子的调遣，服从周天子的统治。维护这种统治秩序的是礼。礼首先是国家的制度，是礼制，它规定了自天子、诸侯、卿大夫、士到庶人的责任和义务。礼同时又体现为个人在不同的社会关系中的行为礼仪，在敬天、祀地、人际交往、诸侯国之间往来等方面的礼仪。礼制和礼仪中的精神体现在《礼记》之中，这些一起构成了礼治文化的精华。春秋时期，随着生产力的发展，生产工具的改进，铁制农具的使用，诸侯、卿大夫的权力上升，而周天子的权力随之衰微。随着周天子权力的衰落，以周天子为权力核心的礼治秩序被破坏，宗法血缘社会逐步演变为新的地域政治社会，以血缘为基础的人才选拔制度受到以能力为核心的人才选拔的挑战。利益的调整促使社会秩序、社会权力结构的新调整。秦孝公、商鞅的变法就是处于权力、利益调整阶段，历史的必然性在社会政治法律领域的体现。"法古循礼"代表了守旧势力，企图维护传统的以宗法血缘为基础的旧秩序；"反古易礼"代表了变革派，代表了随着时代发展变化产生的新生势力，企图改变原有的秩序，建立新的政治经济秩序的势力。

值得重视的是在阐述时代的变化、社会治理也必须随着时代的变化而变化的过程中，商鞅提出的法立于事物未萌状态的思想。商鞅提出"知者见于未萌"，聪明的人能够预见到没有显露迹象，将萌未萌之事。法律的制定，不是后知后觉，更应该是法于"未萌"。法不只是事中的约束和惩罚，而是事前的防患于未然。

这场辩论还体现了法与民的关系。法与民的关系牵涉到立法的宗旨和目的，法的实施等根本性的问题。公孙鞅主张"法者，所以爱民"的主张，鲜明提出法的制定是爱民的表现，礼是为了便宜从事而制定。立法是为了更好地"爱民""利民"。但在法与民的关系上，公孙鞅又认为"民不可与虑始，而可以乐成"，"成大功者不谋与众"。这里的"民"和作为立法宗旨上的"民"在内涵上又是有区别的。从根本性上立法的宗旨是"爱民""利民"，这里的"民"是普遍意义上的"民"，而"不可与虑始，而可以乐成"之"民"是从民的眼光的短浅性，长远性谋略的欠缺以及在现实意义上而言，一般意义上的民众只是可以一起享受成功带来的结果，却不能在一起分担获取成功过程中的艰辛。这里，我们并不是替公孙鞅辩护，只是同样的民的概念，在不同的语境中它的内涵是不同的。当然不可否认，我们让一个两千年前的人和民主时代的我们眼中有一样的民的概念是不可能的。在等级社会里，统治者高高在上，民众是被统治者，因此，在《更法》中体现出来最突出的一个字就是"教"，"教民"是统治者维护统治秩序必然采取的对民众的教化、控制手段。

变法前的论辩、解惑答疑十分重要。新的法令的颁布意味着社会生活的新变化，因此从立法者，从普罗大众的心理都会有一些新的变化，也就是《更法》中秦孝公所说的"恐天下之议"，"疑"。辩论的过程是廓清人们的思想，让人们放下担忧，进一步解放思想的过程；辩论的过程也是让人们接受新的理念，新的秩序内涵的过程。

从今天的角度来看，《更法》给我们的启示还在于要很好地处理好立法，法治建设中的宣传舆论工作之间的关系。毛泽东曾经说过："凡是要推翻一个政权，总要先造成舆论，总要先做意识形态方面的工作。"变法、立法虽然不是推翻一个政权,但是也要造舆论,秦孝公的御前辩论也就是做舆论的工作,也是意识形态工作。《更法》的御前辩论,一定意义上是为变法扫清道路。商鞅正是这样做的,通过辩论,立法者坚定了信心,也就是秦孝公说的"寡人不之疑矣"。

垦令第二

　　无宿^①治，则邪官^②不及为私利于民，而百官之情^③不相稽^④。百官之情不相稽，则农有余日。邪官不及为私利于民，则农不败。农不败而有余日，则草必垦矣。

　　訾^⑤粟而税，则上壹而民平。上壹则信，信则官不敢为邪。民平则慎^⑥，慎则难变。上信而官不敢为邪，民慎而难变，则上不非上，中不苦^⑦官。上不非上，中不苦官，则壮民^⑧疾^⑨农不变。壮民疾农不变，则少民^⑩学之不休。少民学之不休，则草必垦矣。

　　无以外权^⑪任爵与官，则民不贵学问，又不贱^⑫农。民不贵学则愚，愚则无外交。无外交，则国安而不殆^⑬。民不贱农，则勉农而不偷。国安不殆，勉农而不偷，则草必垦矣。

　　禄厚而税多，食口^⑭众者，败农者也。则以其食口之数，赋而重使之^⑮，则辟^⑯淫游惰之民无所于食。无所于食则必农，农则草必垦矣。

　　使商无得粜^⑰，农无得籴^⑱。农无得籴，则窳惰^⑲之农勉疾。商无得粜，则多岁不加乐。多岁不加乐，则饥岁无裕利。无裕利，则商怯；商怯，则欲农。窳惰之农勉疾，商欲农，则草必垦矣。

　　声服^⑳无通于百县，则民行作不顾，休居不听。休居不听，则气不淫。行作不顾，则意必壹。意壹而气不淫^㉑，则草必垦矣。

　　无得取庸^㉒，则大夫家长不建缮^㉓。爱子不惰食，惰民不窳，而庸民无所于食，是必农。大夫家长不建缮，则农事不伤。爱子、惰民不窳，则故田不荒。农事不伤，农民益农，则草必垦矣。

废逆旅㉒，则奸伪、躁心、私交、疑农之民不行，逆旅之民无所于食，则必农。农则草必垦矣。

壹㉓山泽，则恶农、慢惰、倍欲之民无所于食。无所于食，则必农。农则草必垦矣。

贵酒肉之价，重其租，令十倍其朴㉔。然则商贾少，民不能喜酣奭㉕，大臣不为荒饱㉖。商贾少，则上不费粟。民不能喜酣奭，则农不慢。大臣不荒饱，则国事不稽，主无过举。上不费粟，民不慢农，则草必垦矣。

重刑而连其罪，则褊急㉗之民不讼，很刚之民不斗，怠惰之民不游，费资之民不作，巧谀、恶心之民无变也。五民者不生于境内，则草必垦矣。

使民无得擅徙，则诛愚㉘。乱农之民无所于食而必农。愚心躁欲之民壹意，则农民必静。农静诛愚，乱农之民欲农，则草必垦矣。

均出余子㉙之使令，以世㉚使之。又高其解舍㉛，令有甬官食㉜，概。不可以辟役，而大官未必可得也，则余子不游事人，则必农。农则草必垦矣。

国之大臣诸大夫，博闻、辩慧、游居之事㉝，皆无得为；无得居游于百县，则农民无所闻变见方㉞。农民无所闻变见方，则知农无从离其故事，而愚农不知，不好学问。愚农不知，不好学问，则务疾农。知农不离其故事㉟，则草必垦矣。

令军市㊱无有女子，而命其商令人自给甲兵，使视军兴㊲。又使军市无得私输粮者，则奸谋无所于伏㊳，盗粮者无所售，输粮者不私稽㊴，轻惰之民不游军市。盗粮者无所售，送粮者不私稽，轻惰之民不游军市，则农民不淫，国粟不劳㊵，则草必垦矣。

百县之治一形㊶，则徙迁者㊷不饰，代者不敢更其制，过而废者⑪不能匿其举。过举不匿，则官无邪人。迁者不饰，代者⑫不更，则官属⑬少而民不劳。官无邪，则民不敖；民不敖⑭，则业不败。官属少，则征不烦。民不劳，则农多日。农多日，征⑮不烦，业不败，则草必垦矣。

重关市⑯之赋，则农恶商，商有疑惰之心。农恶商，商疑惰，则草必垦矣。

以商之口数使商，令之厮、舆、徒、童者必当名⑰，则农逸而商劳。农逸则良田不荒；商劳则去来赍⑱送之礼无通于百县。则农民不饥，行不饰。农民不饥，行不饰，则公作必疾⑲，而私作不荒，则农事必胜。农事必胜，则草必垦矣。

令送粮无取僦⑳，无得反㉑庸。车牛舆重，役必当名。然则往速徕疾，则业不败农。业不败农，则草必垦矣。

无得为罪人请于吏而饷食之，则奸民无主。奸民无主，则为奸不勉㉒。为奸不勉，则奸民无朴㉓。奸民无朴，则农民不败。农民不败，则草必垦矣。

注　释

①宿：隔夜的，此指拖延。
②邪官：有私心的官吏。
③情：情况，事情。
④稽：滞留。
⑤訾：估量，计算。
⑥慎：通“顺”，心情舒畅。
⑦苦：担忧。
⑧壮民：指老一辈的人。
⑨疾：急，积极。
⑩少民：指小一辈的人。

⑪外权：古代指其他诸侯国的权利、势力。

⑫贱：轻视。

⑬殆：危险。

⑭食口：游懒不耕之民。

⑮赋：指税收。使：指徭役。

⑯辟：见不得人。

⑰粜：卖出谷物。

⑱籴：买进谷物。

⑲窳（yǔ）惰：懒惰。窳，偷懒。

⑳声服：淫声异服。

㉑淫：精神涣散。

㉒庸：同"佣"，雇佣。

㉓缮：修葺。

㉔逆旅：旅馆，客舍。

㉕壹：统一，指把山泽之地收归国有。

㉖朴：朴犹本也，这里指成本。

㉗酣奭（shì）：指饮酒过度。酣，半醉。奭，盛，过多。

㉘荒饱：指大吃大喝。荒，放纵。

㉙褊（biǎn）急：褊与急通为一意，指性情急躁。

㉚诛愚：愚笨。

㉛余子：嫡长子以外的子弟。

㉜世：出身。

㉝解舍：解，廨也。解舍，为战国时期的法制术语，指免除兵役和徭役。

㉞甬官：掌管斗斛的官吏。《礼记》云：斗甬，正权概。"

㉟辩慧：巧辩。游居：周游。

㊱方：同"仿"，效仿。

㊲故事：旧事。

㊳军市：军中立市，收租税。

㊴兴：动向。

㊵伏：隐藏。

㊶稽：稽留，私下留藏。

㊷劳：耗折，损耗。

㊸形：体制。

㊹徙迁者：应为调职升迁的人。

㊺过而废者：犯过错被免职的人。

㊻代者：指继任者。

㊼官属：属吏，从属之公务人员。

㊽敖：与“遨”通，指远游。

㊾征：赋税。

㊿关市：市场，集市。

(51)厮、舆、徒、童者：商之口数，即豢养的家丁，在官属或农家不当其名，在商仍须输役当名。

(52)赍（jī）：赠送。

(53)疾：尽力。

(54)僦：赁，庸与赁同，避重复。意思是送粮的车无论往返都不得私受任载而取值，致载重而行迟。

(55)反：通“返”。

(56)勉：鼓励。

(57)朴：根。

译文

无过夜之政，如此一来有私心的官吏就没有机会谋私利，官吏就不会拖延政务。政务不拖延，农民就会有空闲的时间，不用把时间耗费在办事上。有私心的官吏没有机会在农民身上谋私利，农民就不会受到剥削。农民有空闲，又不受剥削，那么就一定会把时间用到开垦荒地上。

根据粮食的产量收取税赋，国家的政策统一，民众就会感觉公平。国家的政策统一了，就能使民众产生信任，这样一来官吏就不敢为非作歹。民众感受到了公平就会心情舒畅，从而就不容易生异心。国家的赋税制度明确，官吏不敢为私，百姓心情舒畅，这样一来百姓上不会对君主不满，中间不会担心官吏的盘剥。老一辈的人积极事农，后辈一代代效仿前辈，荒地一定会得到开垦。

不凭借外国的势力封官晋爵，以农战为本，民众就不看重学问，也不轻视农业。民众不以有学问为尊贵，那就愚昧，就不会到处交游。这样国家就会平安无虞。民众不以农事为贱，积极从事生产，不懈怠，荒地就必定会得到开垦。

士大夫俸禄丰厚，收取的租税又多，食客的人数众多，这是明显的败农行为。因此，要以贵族豢养的人口的多少加重收取赋税，这样一来，那些游手好闲的人就没有地方混吃混喝了。如此，那些人就会回归农业，荒地就会被开垦。

让商人不能卖粮食，农民无法买粮食。农民无法买粮，怠惰的农民就会积极从事生产，商人无法卖粮，丰年就不能倒卖粮食，荒年就不能囤积居奇获取可观收入。没有了利润可图，商人就不会放开手脚忙生意，就会考虑务农的事情。怠惰的农民积极从事生产，商人也想着去务农，荒地就会得到开垦了。

郡县不流行淫声异服，民众劳作时候看不到，闲居的时候听不到。听不到靡靡之音，精神就不会涣散，看不到奇装异服就会心志专一。精神集中，意志专一，荒地就会得到开垦。

不允许雇用佣工，大夫、家长就没有能力建院修屋。娇生惯养的贵族子弟无法不劳而获，懒惰的人没法偷懒，这样靠给别人作佣工生活的人就无法得到工作，必然会回归农事。大夫、家长不建院修屋，农业就不会受到妨害。贵族子弟及怠惰之民不再偷懒，田地就不会荒芜。农事不受伤害，农民会更加努力从事农业，荒地一定会得以开垦。

取缔旅馆，奸邪伪诈、浮躁多思、私下交游、对农业犹疑不定的行为不得畅行。开旅馆的人无法谋生，必会回心向农，荒地必定会得以开垦。

国家统一管理山林、湖泽，讨厌务农、怠惰、贪欲十足之民就无法谋得吃饭的营生，必然向心于农，荒地必定得到开垦。

抬高酒肉的价格，加重收取酒肉之价的赋税，使赋税的数量高出成本数十倍。这样一来，卖酒肉的商人就会减少，民众就不会沉湎于饮酒作乐，大臣就不会大吃大喝。如此一来，农事就不会懈怠，国事就不会拖延，君主就不会有过分的举措。社会上层不浪费粮食，农民不放松农事，荒地必定得到开垦。

加重刑罚的力度，建立连坐制度，那些心胸狭隘、性格暴躁的人就不敢吵吵嚷嚷，凶狠强悍的人就不敢打架斗狠，懒惰之民不到处游荡，奢侈浪费之人不敢挥霍，阿谀奉承、心怀叵测之民不敢进行欺诈。这五种人在国内的行为受到限制，荒地肯定会得以开垦。

让民众不得随意迁徙，民众就会愚昧迟钝。不安心务农的人没有生活之源，心必向农。愚笨之人、心性浮躁之人都能专心一志，农民必然专心务农。农民意志专一，安心务农，扰乱农事之民一心向农，荒地必然得到开垦。

发布政令，使嫡长子以外的子弟（世子）都负担徭役赋税。提高免除兵役的门槛，让子弟、卿大夫之子，从管理斗斛的官吏那里领取粮食，保证公平。令他们不得逃避徭役。如果显赫的官职不是那么轻易获得，又不到处游历闲逛，则子弟、卿大夫之子等必然向心务农，荒地必然得以开垦。

国家的大臣诸大夫，喜欢以博闻为傲，喜欢辩论、周游列国等，都不值得效仿。喜欢这些的人不在郡县游历，农民没听过，也没见过，就不会有效仿之事发生。农民闻见单纯，聪明的农民知道没法脱离农事，愚笨的农民没有更多的见识，不好学问，必然勤勉农事。荒地必然得到开垦。

令军队的交易市场上不准女子出现，令军内市场上的商人随时关注军队的行动动向，给军队准备好铠甲兵器。让军内市场不得私自运输粮食。这样军内市场中，奸谋就无法隐藏，偷盗粮食的人没法销售出去，私自运输粮食的人无法储存，懒惰轻佻之民无法在军内存在。这样种地的农民就不会迷惑，国家的粮食就不会大量浪费，荒地一定会得到开垦。

各郡县的治理必须是统一的，离任和升迁的官吏就无法美化自己的政绩，接任的官吏也不能随意变更制度，犯了过错而被罢黜的官吏不能隐瞒自己的错误。错误的行为不能隐瞒，则官吏队伍内就没有心术不正之人。升迁者不美化政绩，继任者不变更制度，官吏的随从少，农民的负担就会比较小。农民负担少，就会有更多时间从事农事。农事时间多，征收赋税不繁多，农业就不会受到损害，荒地必定得到开垦。

加重交通要道集市商品的税收，农民就会厌恶从商，商人也会有怠惰之心。这样，荒地必定得到开垦。

根据商人的家庭人口数量向他们摊派徭役，令他们的厮、舆、徒、童等按照官府登记造册的情况服徭役，这样做农民相对闲适，而从商则劳烦不堪。农民表现得闲适，良田就不会荒芜，商人烦劳，郡县里各种往来礼节的交往就会减少。农民饿不着，又不做那些装饰门面的事情，就一定会勤勉地耕作公田，私田也不会荒废，农事必然得到好的发展。荒地必定得到开垦。

令运送粮食的不得雇佣别人的车子，驾车回去的时候也不能私自捎带其他货物。车、牛、车子的载重，服役的时候一定造册登记。这样一来，运粮车往返迅速，运送不耽搁农业生产，荒地必定得到开垦。

不允许为犯人向官吏求情，给他们送好吃好喝的，这样作奸犯科的人就没了指望。他们作奸犯科的劲头就会降低，没了作奸犯科的气势。农民就不会受到危害。荒地必然会得以开垦。

抑商促农，管控日常

《垦令》篇提出使民众安心农作的举措凡 20 种。核心思想是如何让那些从事商业、佣工、游说、逆旅、声服等怠惰淫巧之民归心于农，让大夫家长之爱子、余子亦不得逃脱农作和赋役。《垦令》通过官吏的治理，通过抑制商业的发展，通过抑制消费等方式，用我们今天的眼光看，商鞅其实是通过多方位的综合，又有重点的治理方式，以促进秦国荒田的开垦，为秦国的强大奠定坚实的基础。

《垦令》篇的訾粟而税，彰显公平思想值得重视。"訾粟而税"，即量粟而税。春秋初期，齐国"相地而衰征"，是按照土地的肥瘠分别课税。鲁国初税亩以后，履亩而税，是按土地面积的多寡征税。这两种税收方法都是采用征收定额租税的办法，不管年成好坏，一律征收。而且无论"相地而衰征"，或"履亩而税"，这两种土地制度虽然并不相同，但都是以土地为标准的。訾粟而税，则是以农产物收获的多寡为标准课税。"訾粟而税"在当时确是一种崭新的制度，丰年政府可以多收租税，凶年人民可以少交租税，相对减轻人民的负担，一定意义上促进了社会公平，利于农业发展。汉代十五税一、三十租一的制度，就是它的进一步发展。对于"訾粟而税"体现社会公平这一点商鞅说得很明确。这种公平性一是由政策的统一性带来的，只有政策统一，对谁都一样，这样才能显示公平。值得注意的是商鞅对于这种政策统一性带来的"信"的强调。信，在这里有下对上，百姓对政策的信心，有信念，也有渗透其中的心理上的依赖感。有了这种信，官吏不敢犯邪，民则行事谨慎，官、民这样的状态，齐心协力，老一辈的人就会积极从事农业生产不想改变做其他行业，后辈效仿前辈，一代接一代就不愁田地得不到开垦。

用政策抑制商业，发展农业，也是《垦令》篇的重要内容。商业的发展在国家的强盛中有很重要的作用。司马迁的《货殖列传》引《周书》曰："农不出则乏其食，工不出则乏其事，商不出则三宝绝。"司马迁把农、工、商称之为三宝，把这三者称为民众衣食之源。"原大则饶，原小则鲜。上则富国，下则富家。贫富之道，莫之夺予，而巧者有余，拙者不足。"农工商的发展直接表征着国家的富饶，也是家族富饶的体现。也正是在这个意义上，司马迁强调三者经营的好坏是贫富之道的根本，善于经营三者则家国有余，不善于经营三者国家就会捉襟见肘。战国时期各国商业的发展与国家的富强也有密切的关系，如齐国管仲，发展商业使齐国富强就是一个典型。但是商鞅在秦国的变法中却主张抑商。商鞅的这种做法对秦国，对后来的中国社会治理产生了很大的作用。商鞅强调要"使商无得籴，农无得粜"，也就是说让商人不准卖粮食，农民不得买粮食。商人本来是从事买卖的，禁止商人卖粮，用商鞅的话说就是"多岁不加乐。多岁不加乐，则饥岁无裕利。无裕利，则商怯；商怯，则欲农"。无论是丰年还是荒岁，商人都无利可图，那商人就会感到做生意没意思，还不如去务农。企图通过这一措施让商人归农，这是商鞅的本心。让农民不能买粮食，农民就必须靠自己生产的粮食生活，这样就能克服农人的惰性，发展农业。可见，商鞅是为了农人更加专注农事而限制商事。在商鞅的看法中，商业的发展只是买进卖出并不能增强国家的真正实力。

商鞅主张"废逆旅"，"重关市之税"。"逆旅"在先秦文献中主要指客舍，供来往客商居住停留。"逆旅"又是农业社会的一个交往场所，这里是各色人等聚集的场所，也是一个言论集中的场所。"废逆旅"就会使四处游荡的人没有了去处，使开旅舍的人回归农业，这样土地就会得到开垦。"废逆旅"使商人的营业场所，客源都受到打击。"重关市之税"，对交通要道上的集市商品进行重税，让商人利润下降，让农民不敢经商。"以商之口数使商，令之厮、舆、徒、童者必当名"。在这里商鞅注意到了商人在经商的过程，礼尚往来对社会风气的影响作用。通过对经商之人家厮、舆、徒等按照人口承担徭役，按照商人家庭人口数量向他们摊派徭役，加重商人的负担。通过徭役措施使得因为商业经营往来过程中带来的浮夸，重修饰门面的风气得到抑制，使民众安心农业生产。

抑制消费，管控闲暇，促进社会治理是《垦令》篇重要的思想内容。主张通过抬高"酒肉之价"，对酒肉增加十倍的税务收取，这样买卖酒肉的商人就会减少，普通百姓就不会闲暇时候去买醉，大臣就不会大吃大喝，不会为此而耽搁、延迟政事。从商到民、到官各司其职，荒地就会得到开垦。通过抑制在当时是饮食奢侈消费品的价格，解决社会治理问题，也提倡了节约，从源头上解决粮食浪费问题。这一思想在今天也是有一定的启发意义的。价格，国家的经济政策与社会各个层面的治理有密切的关系。政策的引导不只是原则，而是关注到关键消费品的价格，从价格的调整，赋税的增加，通过国家经济政策的调整使得商业活动、民众行为、官员行为都受到影响。这是一个整体的社会治理措施。不仅如此，这一措施，还在社会中起到倡导良好社会风气的作用，喜欢喝酒，大快朵颐的人的行为势必会有所收敛，社会风气一定意义上就会净化。

商鞅主张减少声色诱惑，让民安心于农。他主张"声服无通于百县"，不使淫声异服在郡县流行。这样民众就会专心致志地进行农业生产。这里值得注意的是商鞅通过措施对于民众休居生活的控制，对于民众闲暇生活的干涉。从这点我们可以看出，商鞅的社会治理渗透到了日常生活层面，从穿着，从目所视、耳所听，无不加以限制。通过限制人们的欲望，让民众安心生产。

不仅对普通百姓的日常进行治理，就是富贵人家的日常，《垦令》

也涉及了。"无得取庸"思想就是这一治理的集中体现。"无得取庸"就是不准许富贵人家雇用佣人，农事不会受到妨害，这样一来从事农业的劳动力就会增加，没人雇佣了，雇工就会去务农，荒地就必然耕垦了。

"无得取庸"及贵族大家"爱子不惰食"，此举还可以让那些隐匿在私家的佣作之民，回到国家的直接控制之下。《吕氏春秋·上农》篇云："农不上闻，不敢私籍（藉）于庸。"夏纬瑛先生据孙诒让注，解释说："上闻"，谓通名于官；"不敢私籍于庸"，谓不得养私庸以代耕。《上农》篇所言可与《垦令》篇此段相互印证。

加强官吏的治理也是《垦令》的重要思想内容。法家在社会治理上一个重要特征就是治吏，通过治吏治民。《韩非子·外储说右下》提出"明主治吏不治民"，清代王先慎解释为"吏治则民治矣"。在"治吏"与"治民"之间，法家更偏向于"治吏"。《垦令》的第一条措施就是禁止官员拖延政事。《垦令》还从官员的任用、官员子弟与所养"食口"服徭役、官员家中雇工等各方面做出具体规定，目的是集中民力垦荒务农。商鞅认为"无宿治，则邪官不及为私利于民。而百官之情不相稽"。这里的思维典型是以时间换取空间。通过把官吏的时间紧紧地和处理政务联系在一起，让他们没有时间追求私利，让官员忙于公事，没有时间做损害农民利益的事情，这样农民就会有时间和精力去开垦荒地了。这种治理方式也就是以时间达到治理目的。当代意识形态领域的腐蚀还在使用这种策略。如用廉价的娱乐、消费等占去青少年的空余时间，让他们的时间被消费、娱乐占满，没有时间和精力去反思、批判，丧失生活的批判维度，从而沉湎于琐碎和数字化生活中，失去人的自由和超越精神。

更为可贵的是商鞅思想中体现的对官吏亲属及其依附者的管理。《垦令》中对"禄厚而税多，食口众者"的管理。对于俸禄丰厚又收取较多租税的人家，《垦令》提出的措施是，对于贵族大家无职业的子弟，统一发布有关卿大夫、贵族嫡长子以外子弟担负徭役的法令。根据他们的出身，让他们承担不同徭役。设立管理徭役的官吏，对他们进行管理。这些人从掌管徭役的管理处那里领取粮食，这些粮食是有限的。这样就避免了这些人去游历，去结交权贵，而使用过多开支。

商鞅在《垦令》中提出的"百县之治一形"，政令和治理措施一致，这一思想中官吏治理有很多合理性的因素值得我们今天注意。商鞅强调离任和升迁的官员不能随意美化自己，接任的官员不能随意更改已有的制度，犯了错的官员，被罢官的人不能随意隐瞒自己的错误。商鞅认为，这样做可以减少官员的心术不端，从现实性上也可以减少因为随意的变动和过分的乔装带来的从属人员增多的状况，以便减少支出。从农民来说，关于心思端正，公正处理问题，农民的负担就会减轻，也就减少了农民背井离乡的可能性。农民就会把更多的时间用在生产上。对照今天现实中一些官员为了升迁搞的政绩工程，新上任的官员为了体现新官上任的威力，随意更改制度，我们不得不佩服古人的伟大，在两千年前就提出了这些问题。

重刑连罪，治五民的思想同样是《垦令》篇的重要内容之一。《垦令》在社会治理上一个很重要的措施就是它的重刑思想。商鞅期望通过加重处罚力度，连坐的方式，使"褊急之民""很刚之民""怠惰之民""费资之民""巧谀恶心之民"不生于境内，从而达到发展农业的目的。这五民，从心胸狭隘、性格暴躁，到好勇斗狠、凶狠强悍、懒惰、奢侈浪费、花言巧语、心怀叵测，加重对"五民"的惩罚是因为这"五民"容易引起争讼、斗狠、游荡、挥霍、欺诈等。"五民"的存在扰乱了社会秩序，扰乱了人心，使农者不能专心务农。从《垦令》可以看出商鞅对于周游列国，不事生产，只是花言巧语的游说之士是十分反感的，把这些人看作是刑罚的重要对象。当时的游说之士有的为了弘扬道义，但是更多是为了现实的功利目的，甚或为了一己之私毫无原则的也大有人在。游说之人脱离社会生产，带动了社会上的不良风气，但是商鞅没有专提游说之民，只是从花言巧语，善于修饰这种特性上说这一类人，从农者心归于静等角度，商鞅主张严厉惩罚这类人，让农人专心务农。

好勇斗狠、性格暴躁之民以及懒惰之民也是商鞅重刑的对象。这里对于懒惰之民的惩处尤重。开垦荒地，发展农业都需要勤快，需要勤奋，各色懒惰之民的存在对于土地的开垦就是极大的威胁，所以商鞅在《垦令》中特别对"怠惰之民"进行惩处。

《垦令》还通过刑罚等措施，限制民众的迁徙，和连坐、徭役等结合形成了中国古代农业社会的户籍管理制度。擅徙之民，被诛，受到刑罚的惩罚。春秋以降，原有的管理体制崩溃，民众的迁徙现象比较突出。到了战国时期征战频繁，各国都以获得或保持劳动力为当时的要务，为了把人们固定在土地上，禁止迁徙就成为重要的规定。重刑成为法家思想的传统。重刑罚的实质就是让作奸犯科的人没有指望，民众不敢犯罪，这样才能起到稳定社会秩序，发展农业的效果。

以上我们主要从较为积极的意义上理解《垦令》。不可否认《垦令》中也蕴含着在我们今天看来十分过时的东西，只是属于那个逝去的遥远时代的观念，如其中的愚民思想，包括我们上面说的抑制商业的发展等。但总体上我们必须承认，商鞅在《垦令》提到的立法方案是他所处时代的需要，是秦国发展农业，强国的需要。

农战 第三

凡人主之所以劝①民者，官爵也。国之所以兴者，农战也。今民求官爵，皆不以农战，而以巧言虚道②，此谓劳民③。劳民者，其国必无力；无力者，其国必削。

善为国者，其教民也，皆作壹④而得官爵，是故不作壹不⑤官无爵。国去言，则民朴；民朴，则不淫⑥。民见上利之从壹空出也，则作壹；作壹，则民不偷营⑦；民不偷营，则多力；多力，则国强。今境内之民皆曰："农战可避，而官爵可得也。"是故豪杰皆可变业⑧，务学《诗》《书》，随从外权，上可以求显⑨，下可以求官爵；要靡⑩事商贾，为技艺，皆以避农战。具备，国之危也。民以此为教者，其国必削。

善为国者，仓廪虽满，不偷⑪于农；国大、民众，不淫于言。则民朴壹。民朴壹，则官爵不可巧而取也。不可巧取，则奸不生。奸不生，则主不惑。今境内之民及处官爵者，见朝廷之可以巧言辩说取官爵也，故官爵不可得而常⑫也。是故进则曲主，退则虑所以实其私，然则下卖权矣。夫曲主虑私，非国利也，而为之者，以其爵禄也；下卖权，非忠臣也，而为之者，以末货。然则下官之冀⑬迁者皆曰："多货，则上官可得而欲也。"曰："我不以货事上而求迁者，则如以狸饵鼠尔，必不冀矣。若以情事上而求迁者，则如引诸绝绳而求绳枉木也⑭，愈不冀矣。二者不可以得迁，则我焉得无下动众取货以事上，而以求迁乎？"百姓曰："我疾农，先实公仓，收余以食亲。为上忘生而战，以尊主安国也。仓虚，主卑，家贫，然则不如索官。"亲戚交游⑮，合，则更虑矣。豪杰务学《诗》《书》，随从外权；要靡事商贾，为技艺，皆以避农战。民以此为教，则粟焉得无少，而兵焉得无弱也！

善为国者，官法明，故不任知虑。上作壹，故民不偷营，则国力抟⑯。国力抟者强，国好言谈者削。故曰：农战之民千人，而有《诗》、《书》辩慧者一人焉，千人者皆怠于农战矣。农战之民百人，而有技艺者一人焉，百人者皆怠于农战矣。国待农战而安，主待农战而尊。夫民之不农战也，上好言而官失常也。常官，则国治，壹务，则国富。国富而治，王之道也。故曰：王道作外，身作壹而已矣。

今上论材能知慧而任之，则知慧之人希⑰主好恶，使官制⑱物以适主心。是以官无常⑲，国乱而不壹，辩说之人而无法也。如此，则民务⑳焉得无多？而地焉得无荒？《诗》《书》、礼、乐、善、修、仁、廉、辩、慧，国有十者，上无使守战。国以十者治，敌至必削，不至必贫。国去此十者，敌不敢至；虽至，必却。兴兵而伐，必取；按兵不伐，必富。国好力者以难攻，以难攻者必兴；好辩者以易攻，以易攻者必危。故圣人明君者，非能尽其万物也，知万物之要也。故其治国也，察要而已矣。

今为国者多无要。朝廷之言治也，纷纷焉务相易也。是以其君惛㉑于说，其官乱于言，其民惰而不农。故其境内之民，皆化而好辩乐学，事商贾，为技艺，避农战。如此，则不远矣。国有事，则学民恶法，商民善化，技艺之民不用，故其国易破也。夫农者寡而游食者众，故其国贫危。今夫螟、螣、蚼蠋㉒春生秋死，一出而民数年不食。今一人耕而百人食之，此其为螟、螣、蚼蠋亦大矣。虽有《诗》《书》，乡一束，家一员，犹无益于治也，非所以反㉓之之术也。故先王反之于农战。故曰：百人农一人居者，王；十人农一人居者，强；半农半居者，危。故治国者欲民者之农也。国不农，则与诸侯争权不能自持^㉘也，则众力不足也。故诸侯挠^㉙其弱，乘其衰，土地侵削而不振，则无及已。

圣人知治国之要，故令民归心于农。归心于农，则民朴而可正也，纯纯^㉚则易使也，信可以守战也。壹，则少诈而重居；壹，则可以赏罚进也；壹，则可以外用也。夫民之亲上死制^㉛也，以其旦暮从事于农。夫民之不可用也，见言谈游士事君之可以尊身也，商贾之可以富家也，技艺之足以糊口也。民见此三者之便且利也，则必避农。避农，则民轻其居。轻其居，则必不为上守战也。凡治国者，患民之散而不可抟也。是以圣人作壹，抟之也。国作壹一岁者，十岁强；作壹十岁者，百岁强；作壹百岁者，千岁强；千岁强者王。君修赏罚以辅壹教，是以其教有所常，而政有成也。

王者得治民之至要，故不待赏赐而民亲上，不待爵禄而民从事，不待刑罚而民致死。国危主忧，说者成伍，无益于安危也。夫国危主忧也者，强敌大国也。人君不能服强敌破大国也，则修守备，便地形^㉜，抟民力，以待外事，然后患可以去，而王可致也。是以明君修政作壹，去无用，止浮学事淫之民，壹之农，然后国家可富，而民力可抟也。

今世主皆忧其国之危而兵之弱也，而强听说者。说者成伍，烦言饰辞而无实用。主好其辩，不求其实。说者得意，道路曲辩^㉝，辈辈成群。民见其可以取王公大人也，而皆学之。夫人聚党与，说议于国，纷纷焉。小民乐之，大人说之。故其民农者寡而游食者众。众，则农者殆；农者殆，则土地荒。学者成俗，则民舍农从事于谈说，高言伪议。舍农游食而以言相高也，故民离上而不臣者成群。此贫国弱兵之教也。夫国庸^㉞民以言，则民不畜于农。故惟明君知好言之不可以强兵辟土也，惟圣人之治国作壹，抟之于农而已矣。

注　释

①劝：勉励，激励。

②虚道：空虚无用的大道理。

③劳民：劳其民，这里指耗费民众的精力于无用。

④作壹：专一，这里指专务农战。

⑤不：无。

⑥淫：放纵。

⑦偷营：偷，苟且曰偷。营，求也，谋也。这里偷营是指不务农战而为他务。

⑧变业：改变行业。

⑨显：荣耀。

⑩要靡：与英雄豪杰相对，指平庸之人。

⑪偷：这里指占用农业劳动的时间。

⑫常：规则，这里指封官授爵依照法律规定的准则进行。

⑬冀：希望。

⑭绳：前一"绳"为名词，墨线。后一"绳"为动词，使……直。枉木：弯木。

⑮交游：交往，聚集。

⑯抟：聚集，凝聚。

⑰希：通"睎"，瞭望，仰慕，引申为迎合。

⑱制：处理，决断。

⑲无常：常，法的规范。无常，就是不遵循法的规范。

⑳民务：民众的事务。

㉑惛：糊涂。

㉒螟、螣（tè）、蚼蠋（qú zhú）：都是害虫。

㉓反：转变，改变现状。

㉔自持：自保。

㉕挠（náo）：侵犯。

㉖纯纯：纯，无杂质。纯纯，使其简单。

㉗制：遵从。

㉘便地形：便，有利。指占据有利地形。

㉙曲辩：诡辩。

㉚庸：任用。

译　文

一般来说，君主以官爵地位来勉励、刺激民众。农战是国家兴盛的根本。民众求取官位爵禄不是以农战的方式，而是凭借巧言虚词、无妄之道，这是白白耗费民众的精力。如此，国家的统治必然软弱无力，国家的兴盛就谈不上。

善于治理国家的君主，教化民主，一般是要求通过农战这个统一的途径来获得官爵职位，所以不专心农战，就不会获得官爵职位。国家摒弃崇尚空谈的做法，民众就会变得朴实，不放纵。民众看到赏赐、禄俸都是从农战这一途径发出的，就会专心从事农战，心无旁骛，这样，农战的力量增强，国家就会强大。现在境内民众都在传着："农战能避则避，官爵和职位照样可得。"天下豪杰都在思谋着改变本行，有的思谋着学《诗》《书》，有的想着如何追随境外势力，以求荣耀，以谋官爵。也有人从事商贾买卖、技艺活计，都是了逃避农战。如果具备以上种种，国家就危险了。这样去教化民众，国家势力必然削弱。

善于治理国家的人，粮仓虽满也不放松农耕；国家土地广袤，人口众多，不让空洞无物的言论泛滥，民众就会专心农战，不通过巧取豪夺的方式去获得官爵职位。这样奸邪之事就不会发生，君主就不会受到迷惑。当今，境内民众看到朝廷巧言辩说就能够获取官爵，获取官爵可以不用通过农战的方式。因此，纷纷曲意逢迎君主，实则是谋一己之私，做权术交易。这样做无非是为了爵禄而已，以权术做交易，绝非忠臣之辈，这样做的实质无非是为了追逐财利。如果这样的话，下面希望得到升迁的官吏就会说："财多，就能得到想要的高官。"说："我如果不用财物贿赂获取升迁，那就像用猫做诱饵引老鼠上钩，定不会成功的。如果以政绩求升迁，就好像用断了的墨线去矫正弯木一样，更加不可能。这两者都不能得到升迁，那我怎不能在下面役使民众，搜刮钱财谋求升迁了？"百姓说："我积极务农，实公仓，收余粮奉养双亲，上为国舍生忘死而战，尊主安国。现在却是国家的仓廪空虚，君主权力式微，自己的小家也贫穷不堪，这样，我还不如去谋一官半职！"亲朋好友聚在一起，闲谈中形成了一致的看法，改变了从事农战的思想。豪杰去学《诗》《书》，追随国外势力，其他的做商业买卖，以技艺生存，都在逃避农战。以这种现实感染民众，国库的粮食怎能不减少，军队的实力怎能不削弱！

善于治理国家的人，以国法彰明治国，而不是凭借聪明才智来治理国家。国家政策农战，民众就不会专心农战以外的营生，国家的力量就会集中，国力就会强盛，巧言虚词者的力量就会削弱。因此说：从事农战一千人，学《诗》《书》巧言善辩的一人，千人就会懈怠于农战。从事农战的一百人，以技艺为生的一人，百人就会懈怠于农战。国家依赖农战获得安全，君主依靠农战而获得尊荣。民众不好农战，君主喜欢虚言空谈，选官用官没有了法的遵循。选官用官以法是国家得到治理的根本；专心农战，是国家富裕之本。国家富且强，是称王之道。因此说：王道不在外，王道在专心农战而已。

当今治理国家凭借聪明才智，而那些聪明才智之人多察言观色，揣摩君主的好恶，为官，处理政务多迎合君主之意。因此，选用官吏不遵循农战之法则，国家混乱，辩说之人横行，如此，从事其他事务的民众怎能不多？地哪能不荒？《诗》《书》、礼、乐、善、修、仁、廉、辩、慧，国家有这十种事务，国家层面无法使民众安心守战。以十者治国，敌军侵犯，国土必削，敌军不来侵犯时，国家必贫。如果国家没有这十种东西，敌军不敢侵犯；即使来了，也一定会被赶走。如果起兵攻打他国，必然获胜；如果按兵不动，一定会富足。国家尚力，用耕战这种对民众来说为难的优势进攻，国家必兴。国家尚辩，以空谈辩说这种对民众来说为易的方式进攻，国家必然处于危险之中。圣人明君不是能穷尽世间万物，而是知万物之规律和纲要。因此，治理国家，就要明辨纲要而已。

当今治理国家的人多不得要领。朝廷讨论治理国家之时，大家七嘴八舌，都想改变对方的观点，君主被各种各样的说法搞得糊里糊涂，官吏被各种言谈弄得昏头涨脑，民众也变得懒散，不好好务农。国内民众都变得喜欢空谈、乐学，从事商业活动，学技艺，逃避农战。这样国家离灭亡就不远了。国家动荡，那些喜欢学问的人讨厌遵循法的规矩，经商之人善变，懂技艺的手工业者不能用，这样的国家就容易被攻破。从事农业的人少，靠巧言游说吃饭的人多，那这个国家就贫困且危险。螟、蜮、蚼蠋这些害虫，春生秋死，它们一出现，民众就会有数年的饥荒。当今，一人耕种供应百人的饮食，这比螟、蜮、蚼蠋等害虫的危害还大。虽然有《诗》《书》，每乡一捆，每家一卷，但是这对治理国家仍然没有好处，非但没有好处，反而还起到相反的作用。因此，先王回归农战。所以说：一百人从事农耕一人闲居，能称王；十人为农耕，一人闲居，国家强盛；一半人农耕，一半人闲居，国家就危险了。因此，治理国家就要让民众回归农耕。国家不重视农耕，在诸侯争霸中不能自保，这是因为能够使用的民力不足。其他诸侯会趁其国力衰弱之时侵犯，土地被侵占，就会一蹶不振，到那个时候就来不及想办法了。

圣人知道治理国家的要领，令民归心于农事。民众归心于农耕就会纯朴，好管理，民众单纯，容易役使，一定能用来守城作战。民众专心农战，就会少有奸诈之事，重土重迁；专心农战，就可以用赏罚的措施鼓励上进；专心农战，就可以对外作战了。民众亲附君主，并且死心塌地地追随君主，是因为他们从早到晚都从事农事的缘故。民众不听从国家的管理，是因为他们看见空谈游说的人逢迎君主可以得到尊贵的地位，经商可以发财致富，有手艺可以养家糊口。民众看到这三种职业的人轻松可以获利，就逃避农耕。逃避农耕，就不会看重自己居住在什么地方，也就必然不会为君主守土作战。凡是治理国家的人，都害怕民心涣散不能团结一致，因此，圣人治理国家就要凝聚民众。民众专心农战一年，国家强盛十年；民众专心农战十年，国家就强盛百年；民众专心农战百年，国家强盛千年。强盛千年就能称王。君主定赏罚为农战辅助，因此，民众的教化有遵循的常法，国家治理必然有成效。

君主得治理民众的要领，不等赏赐，民众就能够亲附君主，不等封爵加禄民众就能积极从事农战，不用刑罚民众就能拼死卖命。国家危亡之机，君主忧患之时，游说的人成群结队，无益于国家。国家危亡，君主忧患是因为有强大的敌国。君主不能战胜强大的敌国，就要修整防御措施，占据有利地形，集中民众力量，应付外来入侵，危险就可以解除，忧患就可散去，称王之时便可期待。因此，英明的君主治理国家必专心农战，清除无用的东西。禁止学习空洞浮华的学问和游说等，让民众安心务农，这样国家就会富强，民众的力量就能够凝聚了。

现在各个国家的君主都在担心自己国家的安危而军事力量薄弱，却坚持听从那些游说之士的空洞议论。说客们成群结队，废话连篇，但是却没有实际用处。君主喜欢他们的华美言辞，不去探求这些言辞的实际价值。游说之人，志得意满，无论走到哪里都是巧言诡辩，追随者也是成群结队。民众看到这样的人也可以获取王公大人之位，都纷纷效仿。人都往这方面聚集，这些人的说辞在国内纷纷流行。普通民众、王公大人都乐于此类事情。从事农事的民众少而游说之人众多，就会造成农民懈怠，土地荒芜。花言巧语，空谈成风，民众就会舍弃农事转而加入游说的行列，高谈阔论。舍弃农耕从事游说，夸夸其谈，民众就会背离主上，不听从君上。这是使国家贫穷、军队薄弱的统治措施。如果国家以尚空言进行治理，民众就不会在农事上多花费力气。因此贤明的君主深知言论不能用来强兵辟土，治理国家采用一种方法，这就是使农人专心于农事。

壹而官爵得位，壹而民心归农

僻居雍州曾被东方六国以夷狄视之的秦国，由于接受、贯彻了商鞅的农战思想，实行变法，东雄诸侯，一统天下。《农战》篇重点论述了重农和重战政策的重要性，论述了如何采取措施使人心归于农耕，从事战争。

《农战》篇一个很重要的思想是阐述了"作壹"在社会治理中的作用，"壹"对于民心归农，田地开垦的重要性。突出地表现在：

首先，强调了官职爵位的获得的途径必须是统一的。官职爵位是统治者用来进行社会激励的重要手段和载体，官职、爵位是社会地位的象征，是身份和荣耀的象征，也是俸禄的来源、生存的来源和基础。先秦时期，获得官职和爵位传统上有世袭的方式。这种方式随着诸侯国势力的增强越来越不适应发展的需求。周天子势力的衰微，诸侯国在争霸过程中迫切需要能够增强国家势力的人才为国家的发展贡献力量。商鞅强调必须通过农耕和战争奖励获取官职，而不是听取巧言虚道、夸夸其谈，不是靠曲意逢迎君主，不是用财货贿赂的方式巧取豪夺。这些思想包含着务实的因子，它强调要通过能够促进现实发展的激励方式而不是通过那些不务实际的方式促进社会发展，这点无疑有积极的因素。尤其是它对通过贿赂、财货交易方式获取官爵地位的否定在今天反对官场不正之风中有积极的意义。

商鞅强调获取官职爵位中要坚持原则，要彰明国法，按照法的准则行事。这对于破除人才选拔中的特权思想，对于促进人才选拔中的公平公正都有积极的意义。

其次，《农战》强调了民心归一的重要性。商鞅强调的民心归一，主要是归于农战。他排斥儒生的不务实际，讨厌论辩之风，因此排斥学《诗》《书》，也排斥商业交易活动，排斥手工技艺。这点在社会分工多元化的今天是不可理解的。但是他在论述农战的重要性、绝对地位过程中，让我们也看到了社会的崇尚对于社会的引导作用。如果一个社会使游手好闲的人能够体面地生活，那么就会对整个社会起消极的引导、导向作用。为了防止这种情况的发生，他主张限制，甚至取消商业、手工业等。

《农战》还体现了商鞅公平的思想。这主要表现在对贵族和依附于他们的食客的赋税、劳役的征收方面。加大贵族及其依附者的劳役、赋税等，一方面能够使得民心向农的风气更加浓厚，另一方面使得贵族及其依附者在劳役赋税方面向普通民众看齐，这一引导方向体现了把贵族及其依附者和普通民众拉向同一水平线的趋向，是反特权的一种体现。

对投机取巧的排斥，对浮夸之风的厌弃是《农战》篇有价值的内容，具有跨越时代的内涵。商鞅主张官爵的获得要秉持公正的原则，遵循法的规矩。那些不遵循规矩，通过取悦于相关权力人而获得的官爵在他看来都是不正当的，是投机取巧的体现。那些夸夸其谈，不实干之人如果得到重用就会带坏整个社会风气，使投机取巧、不劳而获得到肯定。对投机取巧、浮夸之风的厌弃是农业社会务实作风在思想上的反映，虽然这种厌弃有浓厚的小农社会的味道，但是不可否认在今天的社会治理中仍然有积极的意义。有效的社会治理从效果的角度对无效的行为、不遵循制度规矩的行为都是否定的。如果我们抛开制度本身的合理性追究，这种由提倡务实带来的对于整体治理效果的重视是有积极意义的。

不可忽视，《农战》中还体现了商鞅为了加强农耕和战争，主张用弱民、愚民的治理方式。商鞅对民的看法更多的是消极意义的。在他看来，民见利而为，因此从治理上来说要把利益引导到农战方面。民容易为外界、为他人所感，看读书的人、游说的人能够轻而易举地生活，商人和手工艺者能够体面地生活，民众就会趋利而为，淡漠了从事农战的心思。民众是容易懒惰、懈怠的，遇到合适的机会必然会弃农战而为。民众容易为外界的各种议论所左右，因此破除游说之人的虚言，让民心归农也是十分重要的。在商鞅的心目中，理想型的民众是"民朴"，是"纯纯易使"的民众。因此，从治理的角度，国家就应该使得民众心思单纯，不为多样诱惑所动，这样国家的治理才能有力量。对国家而言，多力则国强。因此，商鞅从职业、产业的分布角度，强调对于农业的集中，在战争上的用力。这样才能真正"抟民力"，凝聚力量于农战。

在社会治理上，《农战》篇对技艺、技艺之民有偏狭之见。商鞅把技艺和商贾划为一类，把它和农战对立。在常态意义上，我们经常把工商相联系，由此看来，商鞅这里所说的技艺应该也属于工类。从排斥的理由来看是不利于农战，因为工艺不能开疆扩土，工艺讲求精巧，易使人产生机巧之心等。随着社会的发展，商鞅的这一观点也就变为了历史的尘埃。

去 强 第 四

以强去强者①，弱；以弱去强者，强。国为善，奸必多。国富而贫治②，曰重富，重富者强；国贫而富治，曰重贫，重贫者弱。兵行敌所不敢行，强；事兴敌所羞为，利。主贵多变，国贵少变。国少物，削；国多物，强。千乘之国守千物者削。战事兵用而国强，战乱兵息而国削。

农、商、官三者，国之常官③也。三官者，生虱害④者六：曰"岁"，曰"食"；曰"美"，曰"好"；曰"志"，曰"行"。六者有朴⑤，必削。三官之朴三人，六害之朴一人。以法治者，强；以政⑥治者，削。常官治省，迁官治大。治大，国小；治小，国大。强之，重削；弱之，重强。夫以强攻强者亡，以弱攻强者王。国强而不战，毒输于内，礼乐虱害生，必削；国遂战，毒输于敌，国无礼乐虱害，必强。举⑦劳任功曰强，虱害生必削。农少、商多，贵人贫、商贫、农贫，三官贫，必削。

国有礼、有乐、有《诗》、有《书》、有善、有修⑧、有孝、有弟、有廉、有辩。国有十者，上无使战，必削至亡；国无十者，上有使战，必兴至王。国以善民治奸民者，必乱至削；国以奸民治善民者，必治至强。国用《诗》《书》、礼、乐、孝、弟、善、修治者，敌至，必削国；不至，必贫。国不用八者治，敌不敢至，虽至必却。兴兵而伐，必取，取必能有之；按兵而不攻，必富。国好力，曰以难攻；国好言，曰以易攻。国以难攻者，起一得十；国以易攻者，出十亡百。

重罚轻赏②，则上爱民，民死上；重赏轻罚，则上不爱民，民不死上。兴国行罚，民利且畏；行赏，民利且爱。国无力而行知巧⑩者必亡。怯民使以刑，必勇；勇民使以赏，则死。怯民勇，勇民死，国无敌者，强。强，必王。贫者使以刑，则富；富者使以赏，则贫。治国能令贫者富，富者贫，则国多力，多力者王。王者刑九赏一，强国刑七赏三，削国刑五赏五。

国作壹一岁，十岁强；作壹十岁，百岁强；作壹百岁，千岁强；千岁强者，王。威，以一取十，以声取实，故能为威者王。能生不能杀，曰自攻之国，必削；能生能杀，曰攻敌之国，必强。故攻害、攻力、攻敌，国用其二舍其一，必强；令用三者，威，必王。

十里⑪断者，国弱；五里断者，国强。以日治者王，以夜治者强，以宿治者削。

举民众口数，生者著⑫，死者削。民不逃粟，野无荒草，则国富，国富者强。

以刑去刑，国治；以刑致刑，国乱。故曰：行刑重轻，刑去事成，国强；重重而轻轻，刑至事生，国削。刑生力，力生强，强生威，威生惠。惠生于力。举力以成勇战，战以成知谋。

金生而粟死，粟生而金生⑬。本物⑭贱，事者众，买者少，农困而奸劝⑮，其兵弱，国必削至亡。金一两生于竟⑯内，粟十二石⑰死于竟外；粟十二石生于竟内，金一两死于竟外。国好生金于竟内，则金粟两死，仓府⑱两虚，国弱；国好生粟于竟内，则金粟两生，仓府两实，国强。

强国知十三数：竟内仓府之数，壮男壮女之数，老弱之数，官士之数，以言说取食者之数，利民之数，马、牛、刍藁⑲之数。欲强国，不知十三数，地虽利，民虽众，国愈弱至削。

国无怨民曰强国。兴兵而伐，则武爵武任，必胜。按兵而农，粟爵粟任，则国富。兵起而胜敌、按兵而国富者王。

注　释

①强：民不从令曰强，从令曰弱。商鞅认为，礼乐、诗书、善修、孝悌、廉辩之类是使民弱之道。

②国富而贫治：指富而不使民得淫逸。

③官：事也，指国中执事者。

④虱害：有害的事。

⑤朴：根，根源。

⑥政：政教。

⑦举：推举。

⑧修：贤良。

⑨重罚轻赏：商鞅认为重罚会产生畏惧心理，轻赏使民众的侥幸心理泯灭。

⑩知巧：智谋巧诈。

⑪里：古代居民行政单位，五家为邻，五邻为里。

⑫著：古代户籍之法，生者著于户籍，死者削去户籍。

⑬金生而粟死，粟生而金生：金生指的是用我之粟去换取境外之金，钱赚来了，而自己的粮食却没了。这是商鞅以生粟为本，生金为末思想。

⑭本物：指粟。

⑮劝：受到鼓励。

⑯竟：通"境"。

⑰石（dàn）：古代计量单位，十斗为一石。

⑱仓府：粮仓，金库。

⑲刍藁（chú gǎo）：刍，喂牲畜的草，拔草，割草。藁，植物的茎秆。

译　文

以违背法令的方式对抗不服从法令的人，统治就会被削弱；以遵从法令的方式对抗不服从法令的人，就能巩固统治。国家施行善政，奸诈的行为就会增多。国家富强却用节俭的方式治理就会富上加富，就会变得强大。国家贫穷却以奢侈的方式来治理，就会穷上加穷，就会变得削弱。军队能做敌人所不敢做的事，就强大；在国家治理上敢做敌人认为耻辱不愿做的事，就有利。君主贵在多谋善变，国家治理则以稳定少变为佳。国家财物少，力量一般而言就弱；国家财物丰富，力量一般而言就强。千乘之国守千物的会变弱。发生战事，士兵效命国家就强大，战乱，士兵懈怠，国家就会削弱。

农、商、官是国家稳定的三种职业。在三种职业发展过程中，形成了六种危害：年岁歉收、白吃粮食、商人贩卖华丽的产品、玩好的物品、官吏营私舞弊、贪赃枉法。有这六种危害存在，国家必定削弱。农、商、官三种职业之本在其自身，而六种危害之本却在国君一人。用法治国则国强，以政教治国则国弱。任用官吏长久，治道简洁；调动官员频繁，治道繁杂。治道繁杂国家力量就会变弱，治道简洁国家力量就会变强。不遵循法令的多了，国家的统治就会极大地削弱；不遵循法令的人少了，国家的统治就会极大地增强。以违法的方式对抗不遵循法令的人，国家必亡；以遵循法令的方式镇服不守法令者，国家必强。国家强大不进行征伐，六种危害必然在国内盛行。礼乐之毒害生，国家必然削弱；国家进行征伐，六种危害就会弥散到其他国度，自己的国家必强。任用有功之人，国家必强，六种危害存在国家必然削弱。农人少，经商者众，公卿官吏穷了，商人穷了，农人穷了，这三种职业的人都穷困了，国家也就削弱了。

国家倡导礼、乐、《诗》《书》、仁善、贤良、孝、悌、廉洁、智慧这些方面，也就是不让民众去征战，国家必然削弱以至于灭亡；国家没有这十者，君主让民众征战，国家必兴盛、强大。国家用善民治奸民，必然导致混乱以至于灭亡。国家用奸民治善民，国家必然达到治理以至于强盛。国用《诗》《书》、礼、乐、孝、悌、善、贤良等来治理国家，敌兵至，国家必然被削弱；敌兵不至，国家必然陷入贫穷。国家不用这八种儒家方式治理，敌人不敢来，虽来也必然退却。兴兵征伐，必有所获，获取的东西也一定能够占有。如果按兵不动，不去征伐，则必然富裕。国家崇尚武力，别的国家就无法攻取；国家崇尚巧言虚道，就容易被攻破。国家用耕战的优势攻打别国，方法得当，用一分力气获取十倍的效果；国家用容易做到的空谈之事为资本攻打别国，用十分力气反而丧失了百倍的利益。

重刑罚轻赏赐，君主爱民众，民众也愿意为国赴死；重赏赐轻刑罚，君主不爱民众，民众也不会为国赴死。要使国家兴旺就要施行刑罚，这样对民众有利而且能够产生敬畏；行赏赐，民众有利也欢喜。国家没有力量，崇尚智谋巧诈，国家必亡。让民众胆怯就是施以刑罚，民众必勇；对勇敢之民施以赏赐，他就愿意为国赴死。使胆怯之民勇，使勇敢之民赴死，国家就无敌了。国必强，强必王。对贫者施以刑罚，就会使他们走向富裕；对富者施以赏赐，使他们出钱粮换爵，就会使他们贫穷。治理国家重刑轻赏，能够使贫者富，富者贫，使国家力量增强，称王。称王之国九分刑罚一分赏赐，强国七分刑罚三分赏赐，弱国是刑罚五分赏赐五分。

国家专心农战一年，就能强大十年；专心农战十年，强大百年；专心农战百年，国家强大千年；强大千年，就称王。国家有威势，就能以一取十，以声威夺人，因此，有威势的国家能称王。能聚集势力但是不能征伐，这是自攻之国，这样的国家必然走向衰败；能聚集实力，又能征伐，这叫攻敌之国，这样的国家必然强盛。因此消灭危害，使用实力，进攻敌国，国家用其中两项舍弃一项，国家必强；三者皆用，国家必定有威势，必称王。

政事在十个里范围内决断的，国家必弱；政事在五个里范围内决断的，国家强盛。当日能处理好政务的称王，当夜能够处理好政务的国家必强，第二天才处理好事务的国家必定会被削弱。

民众的人口数量要有一个总体的把握，活着的人登记造册，死去的人从册中除名。民众不逃避赋税，田野无荒地，国家就会富裕，富裕就会进而强大。

以重刑杜绝犯罪，国治；以轻刑产生更多的犯罪，国乱。因此，轻罪重罚，刑罚用了之后就能促进事情的完满解决，这样国才会强；否则，轻刑就是用了之后事端依旧存在，这样国就会弱。刑罚是为了促进国力的，国力增强，国家就有威势，有威势就能产生真正的恩惠。因此，恩惠是从实力中产生的。崇尚实力，成就英勇作战，从作战中才能产出真正的智慧和谋略。

有了钱没了粮食，有了粮食就等于有了钱。粮食价格低，从事农耕的人多，买粮食的人少，农民困窘，奸民得到鼓励，军队力量弱，国家必然虚弱至于灭亡。国内每赚到金钱一两，就会有十二石粮食运到国外；国内购入十二石粮食，就有金钱一两转到国外。国家喜欢在国内获取钱财，那么金钱和粮食都会亏空，国库和粮仓都会空虚，国家就会弱；国家喜欢在国内储存粮食，那么金钱和粮食都会有，府库和粮仓都会丰盈，国家必强。

强国要知道十三种数目：境内粮仓、府库的数目，壮男壮女人口的数目，老弱人口数目，官士数目，以言说获取生活来源的人口数目，农人的数目，马、牛、刍藁的数目。想强国，不知国家这十三种数目，虽有地利，人口众多，国家也会日益削弱的。

国家没有心怀怨念的民众就是强国。兴兵攻伐，按照军功赏赐任用，必胜。按兵不动，多做农事，按照种粮的多少任用官爵，国家就会富。发兵战胜敌人、按兵不动富国的国家定能称王。

循法定强弱，重刑彰利民

《去强》篇主要谈的是治理国家的方式。商鞅主张以法治国，以加重刑罚治理，以加强农耕建设，以节俭的方式来治理国家。并且提到了治理国家过程中的法治的精准治理问题、事务不能拖延的问题，这些治理方式在今天仍然具有一定的现实意义。

首先，在治理国家的方式方面，商鞅主张严格遵从法令治理国家。《去强》篇的第一句"以强去强者，弱；以弱去强者，强"，石磊先生在其注本中解释为"运用强民的方法来清除不服从法令的民众，君主的统治就会削弱；运用弱民措施来清除不服从法令的民众，君主的统治就会加强"①。但是对于什么是强民的方法？我们常识中所理解的强民、弱民之道和商鞅这里所说的强民、弱民之道含义有何区别？纵观《去强》篇的整体含义，我们可以看出，商鞅所说的含义和我们的日常理解之间还是有很大的差别的。我们是从常识意义上去理解商鞅的《去强》篇的核心内涵，理解商鞅的"弱民"之道。实质上，强，这里是指不遵循法令的方式，强者，指的是不遵从法令的民众。弱则相反，指的是遵从法令的方式，遵循法的原则。这一点蒋礼鸿先生的《商君书锥指》说得很明确。在《商君书锥指》中，作者指出："民不从令曰强，从令曰弱。治国在去民之强。"② 强民的方式主要是指礼乐、《诗》《书》、孝悌、廉辩之类，这些方式是民众得以强大之道。很明显，强民的方式是一种违抗统治秩序的方式，是和法家主张的以法治国的方式相对立的方式，是不遵循法度、法令的方式。

---

① 石磊译注：《商君书》，中华书局 2011 年版，第 38 页。
② 蒋礼鸿：《商君书锥指》，中华书局 2017 年版，第 27 页。

不遵循法令的方式，具体而言就是商鞅说的儒家倡导礼教的方式，用仁爱等教化百姓都不属于这一类。商鞅对于施行善政十分排斥，认为没有法度的善政只会带来国家的削弱。善政会主张奸诈的行为，使智谋巧诈之人横行。而我们在文化传播上，从常识上来理解的弱民之道是指削弱民众的力量，这种理解和商鞅对强弱的理解刚好相反。总之，商鞅以法为主干，按照是否遵循法的规范来判断强民、弱民，强民即是民强，弱民即是民弱。

强民不遵从法令，和国家、君主的力量形成了一种抗衡，弱民遵从法令，按照国家、君主的意志行事。因此，商鞅追求弱民、弱民之道，这里既有对民众对抗力量消除的含义，同时也有使民众循规蹈矩不逾矩的内容。消除民众的对抗、反叛在民主社会的今天有消极意义，而强调民众对法的规矩的坚守在法治社会里面又有积极的意义。

其次，在用刑罚治国的问题上，商鞅主张重刑、重罚。在对待刑罚与赏赐的关系上他主张，加强刑罚，少些赏赐。在刑罚的轻重问题上，他主张要重罚，反对轻罚。值得注意的是商鞅从民众的心理出发，从效果出发主张重刑。他认为重的刑罚一方面使民众有畏惧之心，另一方面重罚才是真正的利民，能够激励民众。而赏赐容易使民众产生贪念，诱发民众内心的贪欲，从而带来不利的效果。表面上看，赏赐能够利民，显示了统治者对民众的仁慈，让民众喜欢。但是从长远来看，重罚重刑则是利民的，虽然重罚重刑让民众产生畏惧，但是能够激发民众英勇奋战的斗志，有了这种斗志就能够取得战争的胜利。只有在民众的英勇奋战的情绪被激发出来后，这个时候实施奖励才能起到良好的作用。可以说商鞅对刑罚和赏赐关系的这种接续运用在理论上十分辩证，在实践上充满了艺术感。

商鞅在论述重刑重罚治国的问题上对什么才是真正的利民爱民独

到的认识很有意义。商鞅认为重罚轻赏能够显示统治者爱护百姓，百姓也愿意为维护统治舍生忘死，因为重罚轻赏才能够达到富国强兵的目的；重赏轻罚最后得到的结果却是统治者没有尽到爱护百姓的职责，百姓也不愿意为统治者出生入死，因为这种方法无法达到富国强兵的效果。商鞅从治理的效果、目的，认识重刑重罚的价值和意义，不是从眼前的一时利害认识问题，从方法上说对于治国理政很有启发意义。

第三，商鞅的社会治理方式充满了浓浓的农业社会的味道。商鞅主张用节俭的方式治理就会富上加富，就会使国家变得强大。国家贫穷却以奢侈的方式来治理，就会穷上加穷，这是农业社会治理的重要体现。商鞅对社会发展中六种危害的看法最为典型。六害指：岁、食、美、好、志、行。岁之害在农人游惰带来歉收。食之害在农人不务正业，白吃粮食。美的害处是商人贩卖华丽的东西带来的危害。好的害处是商人贩卖好玩的东西带来的弊端。志的害处是官吏营私舞弊的祸害。行的害处是官吏的贪赃枉法的行为之害。

最后，精准治理，在治理过程中，对人口的有效控制是商鞅社会治理的一个亮点，也是颇有争议的地方。商鞅主张活着的人要登记造册，死去的人也要及时消除户籍；主张对壮男之数和壮女之数、老弱之数、官吏士人之数，甚至是牛马柴草之数等都要明晰。这是中国古代较早的人口管理思想，也是古代资源管理思想。商鞅对生死人口的动态管理，对青壮年人口的数目清晰等思想对于治理的科学化等都有积极意义。今天，在我们这样一个泱泱大国也是十分必要的。人口户籍管理，在商鞅时代这种管理是赋税和兵役的保障，这方面就是我们所说的有争议的地方，因为这种对人口户籍的严格管理即是严格控制，而这种在君主集权状态下的严格控制又是和人身限制等结合在一起。

总之，国家的强弱是由许多因素决定的，但是在商鞅看来，决定这种强弱结果的最为根本的是法、是民众是否能够尊法而行。在富国强兵的目的下商鞅主张重刑轻赏，主张对人口等资源进行详细统计。商鞅的这些思想是农业社会治理模式的典型反映，但是一些思想和认识在今天仍然有超越时代的意义。

说 民 第 五

辩慧，乱之赞①也；礼乐，淫佚之征②也；慈仁，过之母也；任举，奸之鼠③也。乱有赞则行，淫佚有征则用，过有母则生，奸有鼠则不止。八者有群，民胜其政。国无八者，政胜其民。民胜其政，国弱；政胜其民，兵强。故国有八者，上无以使守战，必削至亡。国无八者，上有以使守战，必兴至王。

用善，则民亲其亲；任奸，则民亲其制。合而复者④，善也；别而规⑤者，奸也。章善，则过匿；任奸，则罪诛。过匿，则民胜法；罪诛，则法胜民。民胜法，国乱；法胜民，兵强。故曰：以良民治，必乱至削；以奸民治，必治至强。

国以难⑥攻，起一取十；国以易⑦攻，出十亡百。国好力，曰以难攻；国好言，曰以易攻。民易为言，难为用。国法作民之所难，兵用民之所易，而以力攻者，起一得十；国法作⑧民之所易，兵用民之所难，而以言攻者，出十亡百。

罚重，爵尊；赏轻，刑威。爵尊，上爱民；刑威，民死上。故兴国行罚，则民利；用赏，则上重。法详，则刑繁；刑繁，则刑省。民不治则乱，乱而治之，又乱。故治之于其治，则治；治之于其乱，则乱。民之情也治，其事也乱。故行刑，重其轻者，轻者不生，则重者无从至矣，此谓治之于其治者。行刑，重其重者，轻其轻者，轻者不止，则重者无从止矣，此谓治之于其乱也。故重轻，则刑去事成，国强；重重而轻轻，则刑至而事生，国削。

民勇，则赏之以其所欲；民怯，则杀⑨之以其所恶。故怯民使之以刑，则勇；勇民使之以赏，则死。怯民勇，勇民死，国无敌者，必王。

民贫，则弱国；富，则淫。淫则有虱，有虱则弱。故贫者益之以刑，则富；富者损之以赏，则贫。治国之举，贵令贫者富，富者贫。贫者富，国强；富者贫，三官无虱。国久强而无虱者，必王。

刑生力，力生强，强生威，威生德⑩，德生于刑。故刑多，则赏重；赏少，则刑重。民之有欲有恶也，欲有六淫⑪，恶有四难⑫。从六淫，国弱；行四难，兵强。故王者刑于九而赏出一。刑于九⑬，则六淫止；赏出一，则四难行。六淫止，则国无奸；四难行，则兵无敌。民之所欲万，而利之所出一。民非一，则无以致欲，故作一。作一，则力抟；力抟，则强。强而用，重强。故能生力能杀力，曰攻敌之国，必强。塞私道以穷其志，启一门以致其欲。使民必先行其所恶，然后致其所欲，故力多。力多而不用，则志穷⑭；志穷，则有私；有私，则有弱。故能生力，不能杀力，曰自攻之国，必削。故曰：王者，国不蓄力，家不积粟。国不蓄力，下用也；家不积粟，上藏也。

国治：断⑮家王，断官强，断君弱。重轻，刑去。常官，则治。省刑，要保⑯，赏不可倍⑰也。有奸必告之，则民断于心。上令而民知所以应，器成于家而行于官，则事断于家。故王者刑赏断于民心，器用断于家。治明，则同；治暗，则异。同则行，异则止。行则治，止则乱。治，则家断；乱，则君断。治国者贵不断，故以十里断者弱，以五里断者强。家断则有余，故曰：日治者王。官断则不足，故曰：夜治者强。君断则乱，故曰：宿治者削。故有道之国，治不听君，民不从官。

注　释

①赞：辅助。

②征：召，招引。

③鼠：处，居处。

④合而复者：合，合力。复，通"覆"，掩盖。

⑤规：通"窥"，监视。

⑥难：难以做到的事情，指靠农战增强实力。

⑦易：容易做到的事情，指空谈之类。

⑧作：倡导，鼓励。

⑨杀：消除。

⑩德：恩惠。

⑪六淫：六欲，指生死耳目口鼻。

⑫四难：指严刑、峻法、务农、力战。

⑬九：虚数，指多。

⑭志穷：私欲减弱。

⑮断：决断。

⑯要保：要，约定。保，连保，连坐。

⑰倍：背，违背，指不守信用。

译　文

　　巧言善辩和聪明智谋是违法的辅助，礼和乐会导致放荡淫佚。仁和慈是过失产生的土壤；任用和举荐是奸邪的藏身之地。违法有了辅助就会流行，放荡有了引导就会变成现实，有了过失产生的土壤，犯罪就会产生，奸邪有了藏身之地就很难制止。这八种东西盛行，民间的力量就会胜过政令的力量。国家没有这八种东西，政令就会胜于民间力量。民间的力量胜于政令，国家就会被削弱；政令能够压制民间的力量，国家的兵力就会强大。所以，国家如果有这八种东西，国君就没有办法使民众去防守、打仗，国家的力量一定会被削弱，以至于灭亡。国家没有这八种东西，国家就有办法让民众去防守、打仗，国家就一定能兴旺直至称霸。

任用"善民"。民就会亲近其亲者；任用"奸民"，民就会遵守法制。民众合力相互掩盖过失，这就是常人所说的"善"；民众疏远相互监督，这就是常人所说的"奸"。表彰善民，民众的过错就会被掩藏起来；任用奸民，民众的过错就会受到惩罚。过错被掩盖起来，民胜法；罪者受罚，法胜民。民胜法，国家就会混乱；法胜民，国家的兵力就会强大。因此说，用良民治理国家，国家就会乱以至于削弱；以奸民治理国家，国家大治以至于强盛。

国家以难以获得的耕战的实力攻打他国，用一分力量就会有十分的收获。国家以容易做到的空谈去攻打他国，用十分力量会损失百倍。国家崇尚实力就难以攻取，国家崇尚虚言就容易攻破。民众以空谈为易，以农耕务战为难。国家的法令鼓励民众做难以做到的，战争中要他们做那些事就容易，以实力进攻，用一分力量就会有十分收获。国家的法令鼓励民众做那些容易做的事情，战时民众做事就困难，如果以虚言去进攻他国，出十分力量就会招来百倍的伤亡。

刑罚重，爵位才显得尊贵；赏赐轻，刑罚才能彰显威严。爵位尊贵，君主爱民，刑罚显威严，民拼死效命。因此国家兴旺，施行刑罚，民众受益；施行赏赐，君主就会受到尊重。法令越详，刑罚越繁；刑罚越繁，那么受刑罚的人就会少。民众不治理，国家就会乱，乱的时候再去治理就会乱上加乱。因此，国家要在该治理的时候治理，就会大治；在乱的时候治理，就会更乱。民众的心理上都希望国家安定，但是现实的事情却往往使国家处于动乱。因此，用刑罚，轻罪重罚，轻罪不会重犯，重的就从根上得到抑制。这就是在该治理的时候的治理。刑罚，重罪重刑，轻罪轻罚，会导致轻罪不止，重罪无法制止。这就是乱时的治理。因此，轻罪重刑，刑罚会逐步免去，社会得到治理，国家强盛；重罪重罚，轻罪轻罚，刑罚会增多，国家难以治理，国家就会被削弱。

民众勇敢，国君应该用他们想要的东西进行赏赐，以成其勇；民众怯懦，国君就应该用他们害怕的东西使其消除胆怯。因此，胆怯之民施以刑罚治理会使其变得勇敢；勇敢之民施以赏赐进行治理，使其拼死效力。胆怯之民勇敢了，勇敢之民拼死效力，国家就无敌了，必称王。

民贫，国弱；民富，则放纵。放纵就会有虱害产生。有虱害，国弱。因此，用刑罚使贫者耕战，使其变富；对富者，鼓励他们捐献财物，使其变贫。治国的关键在于使贫者富，富者贫。使贫者富，国家强；富者贫，农民、官史、商人没有虱害。国家长久强盛而没有虱害，必称王。

运用刑罚治国可以产生实力，实力使国家强大，强大就会有威势，威势就会有德，德从刑罚中产生。因此，刑罚繁多，赏赐就重；赏赐少，刑罚就严厉。民众有想得到的也有厌恶的，想得到的有生死耳目口鼻六欲，讨厌的有严刑、峻法、务农、力战四难。从民之六欲，国弱；推行四难，兵强。因此王者从多方面用刑罚，而赏赐之利则从一途出。多方面实施刑罚，六欲得到有效的抑制；赏赐之利出一途，四难得以实施。六淫得到抑制，国无奸邪；四难得以实施，则军队无敌于天下。民众的欲望千千万万，利从一途出，民众不认可这一获取利益的出处，就无法获得他们想要的东西，因此只能专心从事农战。专心从事农战，力量集中，则国家强大。国强大，进一步做好农战，国家就会强上加强。因而能产生实力，能有效消灭敌方力量，进攻敌国，必然强大。堵塞民众谋取私利的通道，断绝民众的私心，开启利从一途出之门，满足民众的欲望。使民众先做他们讨厌的事情，然后获得他们想要的东西，国家的实力才能雄厚。国家的实力雄厚不去从事农战，必然意志消沉，意志消沉就会私欲膨胀，国家就会削弱。因此能够产生实力，不能有效消除敌方的力量，这是自己消耗自己的国家，必然被削弱。因此，称王者，国家不储存力量，家里不藏有余粮。国家不储存实力，是为了把力量积聚起来对外攻伐；家中不储存粮食，国家藏有粮。

国家治理有三种情况：在家族中能够决断的称王，由官吏决断的强大，由君主决断的弱。轻罪重刑，刑罚就会逐渐弃而不用。按照法令选用官吏，国家就能够得到治理。减少刑罚，在民众中建立连保，对那些应该行赏的，不可失信。发现奸邪一定要告发，民众的心中就能辨别是非。君上发令，民众知道应该响应，器物是在民众的家中做成的，得到官府的许可才能够流通，日常事务在家族中决断。王者刑赏在民心中是明确的，器用在家族中情况也是明确的。治理公开、明晰，则上下同心；治理不公开、不明晰，则上下不同心。上下同心，法令就能很好地实施。上下不同心则法令难以实施。法令实施畅通国家大治；法令施行不同，就会乱。国家大治，日常事务断于家。国家乱，则日常事务断于君主。国家治理最可贵的是日常事务决断在基层，因此，在十里范围内决断的弱，在五里范围内能决断的强。日常事务能在家族范围内决断的，官府的空余时间就多，因此，能在当天把政务处理好的国家称王。日常事务要官府决断，官府办正事的时间就会不足，因此，能在当夜把政务处理好的强大。日常事务要靠君主来决断就会乱，因此说：第二天才把政务处理好的国家弱。因此有道之国，国家治理不是听命于君主，民众处理日常事务也不必听从于官府。

以法胜民，以刑慑民，以战导民

《说民》篇中心思想论述了国家治理伦理问题。主张以法令治理民众，用法令促使鞭策民众"弃易行难"，主张用常人所说的"奸民"治理国家，轻罪重刑。主张均衡贫富，增强国力。更为难能可贵的是《说民》篇主张在治理中把日常事务管理和农战大事分开，日常事务要在基层决断，这样国家才能大治。

国家治理的基本原则是什么？《说民》篇商鞅阐述了自己的基本主张。商鞅生活的战国初期，诸侯国的独立性增强，诸侯之间的势力竞争也更为显著。如果说春秋时期的礼崩乐坏还是羞答答，礼在形式上还是从上到下遵循的准则的话，在战国时期，礼的面纱被彻底撕下，是一个完全靠势力说话的时代。如何增强国家的势力从而称王天下？诸子百家纷纷发表自己的治国主张。从春秋时期就开始产生的说客阶层，到了战国时期，为获得功名利禄，施展自己的政治抱负理想，一些人以辩说为业。这些人劝说君主，企图以儒家的礼乐来振兴王道，以仁民爱物治理国家。商鞅认为，依靠聪明智谋，引导民众，只会削弱国家的势力，使国家走向灭亡。主张法律制度是治理的基本原则。用商鞅的话说，就是民"亲其制"，遵守国家的法制，按照制度惩罚有罪的人，选举有农战功绩的人，这叫"法胜民"，这样国家才会强大。按照法制治理原则，商鞅反对务虚空谈，认为空谈说起来容易，但是丝毫无益于国，只能导致国家的衰弱。

商鞅主张轻罪重罚。认为轻罪重罚，从结果上说能够有效制止犯罪的发生，从犯罪的根源上遏制犯罪，因为，在他看来，只有轻罪重罚才能显示出刑罚的力量，刑罚的威严。只有轻罪重罚才能使民众拼死效命，建功立业。轻罪重罚使得轻微的犯罪得以杜绝，严重恶劣的犯罪在威慑下得到抑制，由此社会形成安定的局面。值得注意的是在刑罚方面，商鞅还论说到法令越是周详，刑罚越是繁多，受刑罚的人就会减少。这是一个实践中的辩证法，因为法令的周详，在许多方面都设定了法的红线，民众在刑罚的威慑下，减少了对红线的触碰，因此，在现实中反而减少了犯罪，因而受刑罚的人就会减少。

在商鞅的思想中，国家治理的目标是十分明确的：兵雄国强。他对于民勇、民怯、民贫、民富等的看法和主张都是在这一目标下来认知的。认为，民勇，要用民众期望得到的东西来引导，使这种勇敢能为兵雄国强目标实现服务。勇敢努力的方向如果不对，民众越是勇猛，问题就会越多。民众胆怯，就要用刑罚，鞭策，使其变得勇敢。民贫，想办法使其加入国家的农战之中，服务于农战过程中，使其富裕。而对于富裕的民众，想办法进行抑制，因为富裕后人容易放纵自己，产生危害社会的行为。也正是在兵雄国强的目标下，商鞅主张，要把力量统一到耕战上，上下团结，拧成一股绳。在共同目标实现方面，他认为有私欲就会作恶，满足自己的欲望，国家的力量就会削弱。他考虑问题，是国家强大的角度，这是他的立场。当然彼时的国家是君主的国家。也正是在这个意义上，他主张国不储藏力量，家不储藏粮食。他的意思，不是国家真的不需要，而是要把力量，把粮食的作用发挥出来，用到对外战争上，从而使兵雄国强。也正是在治理目标的指引下，商鞅主张君上有命令，民众能相应，治理以法，明明白白，上下遵循统一的法制规则，国家才能强大。

总之，民众的勇敢、怯懦、贫穷、富裕都要以国家的富强为目标、准绳，服务于这一目标的就是值得称道的，违反这一目标的就是应该抛弃的。

商鞅在《说民》篇还谈到了治理的效率问题。当然这一问题也是围绕着治理目标的实现来展开的。他认为，在国家治理方面要分轻重。国家治理的重心是农战，农战是最重要的，它是兵雄国强之本，只有坚持农战之本，上下一心对敌，这才是大事。因此日常事务的处理能在基层处理，在小范围内解决，在短时间内做好的，绝不要拖延到第二天，只有这样才能增强国家的实力，使国家在诸侯争霸中立于不败之地。商鞅从分清主要和次要矛盾的角度，开阔了我们对治理效率问题的认识。

概而言之，《说民》篇围绕用政令来约束民众，任用奸民来治理民众，利用爵禄等社会地位来引导民众，运用刑罚来震慑民众，使民众对于贫富的追求，英勇与怯懦的体现等都能够围绕富国强兵的目标来进行。设立目标和达到目标的基本手段体现出强烈的功利性，在功利性基础上又有对于法的规矩的刚性贯穿其中。在治理民众的思想中，商鞅能够从民众的欲望入手，针对民众的喜怒哀乐，针对民众的欢喜和厌恶之情，把民众个人的情感之私引导到国家之公方面，这种治理不能不说是有深度的。

算 地 第 六

凡世主之患①：用兵者不量力，治草莱者不度②地。故有地狭而民众者，民胜③其地；地广而民少者，地胜其民。民胜其地，务开④；地胜其民者，事徕⑤。开徕，则行⑥倍。民过地，则国功寡而兵力少；地过民，则山泽财物不为用。夫弃天物遂民淫者，世主之务过也。而上下事之，故民众而兵弱，地大而力小。故为国任⑦地者：山林居什一，薮泽⑧居什一，溪谷流水居什一，都市蹊道居什一，恶田居什二，良田居什四，此先王之正律也。故为国分田数：小亩⑨五百，足待一役，此地不任也。方土百里，出战卒万人者，数小也。此其垦田足以食其民，都邑遂路足以处其民，山林、薮泽、溪谷足以供其利，薮泽隄防足以畜。故兵出，粮给而财有余；兵休，民作而畜长足。此所谓任地待役之律也。

今世主有地方数千里，食不足以待役实仓，而兵为邻敌，臣故为世主患之。夫地大而不垦者，与无地同；民众而不用者，与无民同。故为国之数⑩，务在垦草；用兵之道，务在壹赏。私利塞于外，则民务属⑪于农；属于农，则朴；朴，则畏令。私赏禁于下，则民力抟于敌；抟于敌，则胜。奚以知其然也？夫民之情，朴则生劳而易力，穷则生知而权利⑫。易力则轻死而乐用，权利则畏罚而易苦⑬。易苦则地力尽，乐用则兵力尽。夫治国者，能尽地力而致民死者，名与利交至。

民之性：饥而求食，劳而求佚，苦则索乐，辱则求荣，此民之情也。民之求利，失礼之法；求名，失性之常。奚以论其然也？今夫盗贼上犯君上之所禁，而下失臣民之礼，故名辱而身危，犹不止者，利也。其上世之士，衣不煖⑭肤，食不满肠，苦其志意，劳其四肢，伤其五脏，而益裕⑮广耳，非生之常也，而为之者，名也。故曰：名利之所凑⑯，则民道之。

主操名利之柄而能致功名者，数也。圣人审权以操柄⑰，审⑱数以使民。数者，臣主之术，而国之要也。故万乘失数而不危，臣主失术而不乱者，未之有也。今世主欲辟地治民而不审数，臣欲尽其事而不立术。故国有不服之民，主有不令之臣。故圣人之为国也，入令民以属农，出令民以计⑲战。夫农，民之所苦；而战，民之所危也。犯其所苦，行其所危者，计也。故民生则计利，死则虑名。名利之所出，不可不审也。利出于地，则民尽力；名出于战，则民致死。入使民尽力，则草不荒；出使民致死，则胜敌。胜敌而草不荒，富强之功可坐而致也。

今则不然。世主之所以加务者，皆非国之急也。身有尧、舜之行，而功不及汤、武之略⑳者，此执柄之罪也。臣请语其过：夫治国舍势而任谈说，则身修而功寡。故事《诗》《书》谈说之士，则民游而轻其君；事处士㉑，则民远而非其上；事勇士，则民竞而轻其禁；技艺之士用，则民剽㉒而易徙；商贾之士佚且利，则民缘㉓而议其上。故五民加于国用，则田荒而兵弱。谈说之士资在于口，处士资在于意，勇士资在于气，技艺之士资在于手，商贾之士资在于身。故天下一宅，而圜㉔身资。民资重于身，而偏㉕托势于外。挟重资，归偏家，尧、舜之所难也。故汤、武禁之，则功立而名成。圣人非能以世之所易胜其所难也，必以其所难胜其所易。故民愚，则知可以胜之；世知，则力可以胜之。臣愚，则易力而难巧；世巧，则易知而难力。故神农教耕而王天下，师其知也；汤、武致强而征诸侯，服其力也。今世巧而民淫，方傚^㊵汤、武之时，而行神农之事，以随^㊶世禁。故千乘惑乱，此其所加务者，过也。

民之生^㊷：度而取长，称而取重，权而索利。明君慎观三者，则国治可立，而民能可得。国之所以求民者少，而民之所以避求者多。入使民属于农，出使民壹于战。故圣人之治也，多禁以止能，任力以穷^㊸诈。两者偏用，则境内之民壹；民壹，则农；农则朴；朴则安居而恶出。故圣人之为国也，民资藏于地，而偏托危于外。资藏于地则朴，托危于外则惑。民入则朴，出则惑，故其农勉而战戢也。民之农勉则资重，战戢^㊹则邻危。资重则不可负而逃，邻危则不归于外。无资归危外托，狂夫之所不为也。故圣人之为国也，观俗立法则治；察国事本则宜。不观时俗，不察国本，则其法立而民乱，事剧^㊺而功寡。此臣之所谓过也。

夫刑者，所以禁邪也；而赏者，所以助禁也。羞辱劳苦者，民之所恶也；显荣佚乐者，民之所务也。故其国刑不可恶，而爵禄不足务也，此亡国之兆也。刑人复漏^㊻，则小人辟淫而不苦刑，则徼倖^㊼于上以利求。显荣之门不一，则君子事势以成名。小人不避其禁，故刑烦^㊽。君子不设其令，则罚舛。刑烦而罚行者，国多奸。则富者不能守其财，而贫者不能事其业，田荒而国贫。田荒，则民诈生；国贫，则上匮赏。故圣人之为治也，刑人无国位^㊾，戮人^㊿无官任。刑人有列，则君子下其位；衣锦食肉，则小人冀其利。君子下其位，则羞功；小人冀其利，则伐^[51]奸。故刑戮者所以止奸也，而官爵者所以劝功也。今国立爵而民羞之，设刑而民乐之。此盖法术之患也。故君子操权一正^[52]以立术，立官贵爵以称之，论劳举功以任之。则是上下之称平。上下之称平，则臣得尽其力，而主得专其柄。

注　释

①患：弊病。

②草莱：指荒地。度（duó）：度量。

③胜：超过。

④务开：进行开垦。

⑤徕：招徕。

⑥行：将。

⑦任：使用，利用。

⑧薮泽（sǒu zé）：水草茂密的沼泽湖泊、沼泽。

⑨小亩：周制之田亩，一百方步。秦制之田亩，二百四十方步。

⑩数：术。

⑪属（zhǔ）：依托。

⑫生知：智慧。权利：权衡利弊。

⑬易苦：以苦为易。

⑭煖：通"暖"。

⑮裕：丰富，宽绰。

⑯凑：聚集。

⑰柄：权柄。

⑱审：周密，知道。

⑲计：权衡。

⑳略：略微。

㉑处士：有德才而隐居不愿做官的人。

㉒剽：抢劫，掠夺。

㉓缘：攀比。

㉔圜（huán）：围绕。

㉕偏：侧重于某一方面或某一部分。

㉖方俲：仿效。

㉗随：从也。

㉘生：本性，天性。

㉙穷：使……穷，引申为杜绝。

㉚戢：本义为收藏兵器，引申为收敛、止息。

㉛剧：复杂，繁难。

㉜复漏：复，覆盖，掩盖。漏，由孔或缝透过。

㉝徼倖：同"侥幸"。

㉞烦：繁多。

㉟国位：国中地位。

㊱戮人：受过刑罚的罪人。

㊲伐：夸耀。

㊳正：政。

译 文

　　当世君主担忧的是：用兵作战者不估量自己的实力，治荒者不量地而行。因此，有地小而民众者，人口多超过了土地的容纳量；地广而人口少的，土地的面积超过了人口数量。人口的数量超过了土地的容量，就要开垦土地；土地数量超过人口数量，就要招徕人口。开垦土地，招徕人口，国力就成倍增长。人口数量超过土地数量，国取得的功绩小，兵力不足；土地的数量超过人口的数量，山泽财物就不能很好地被利用。因此，抛弃自然的恩赐任遂民众的恣意妄为，这是当世君主的过错，现在上上下下都是这种情形，因此民多兵弱，地大兵力小。所以治国管理土地：山林要占十分之一，湖泊沼泽占十分之一，溪谷流水占十分之一，城市道路占十分之一，薄地占十分之二，良田占十分之四，这是先王的基本规矩。所以治理国家分配田赋数和兵役数是：小亩土地五百，仅足以供养一次战役，这是土地效力没有发挥的体现。土地方圆百里，派出兵士上万人的，也是小数目。这是开垦的田地足以供民吃饭，都市、道路可以供民出行，山林、草野湖泊、溪谷足以为民众提供便利，湖泊、沼泽的堤坝能满足蓄水之用。因此，出兵作战，粮食供给和财物保障有余；战事结束，民众从事耕作，备长远需求。这就叫以地养战的规则。

当世君主有地方圆数千里，粮食还不足以供养兵卒、充实粮仓，而军队却与邻国为敌，所以我深为君主忧虑。土地广袤却不能开垦，和无地是一样的；拥有民众但是却不发挥其作用，和没有民众是一样的。因此治国之术，务必开垦荒地；用兵之道，务必做到统一奖赏。把私利杜绝在外，则民众定会归附农耕；归附于农，民则朴；朴，则畏惧法令、政令。禁止私自赏赐属下，则民力就会集中对敌；民众集中力量对敌，则必胜。如何知道这个道理？民之常情，淳朴就会劳作，不惜力气。贫穷就会动脑筋，会权衡利害。不惜力气就会看清生死，乐于为君主所用，权衡利害、斤斤计较就会害怕刑罚而以辛苦耕作为易。以辛苦耕作为易，则尽地力，乐于为君主效力则会用尽兵力。因此，治理国家能发挥地力之用，使民效死卖命，名利都会有。

民的本性：饥而求食，劳而求逸，苦则求乐，辱则求荣，这是民之常情。民求利，就会失去礼法；求名，就会失去本性之常。如何看待这点？当今盗贼对上违反了君主的禁令，对下，失去了臣民的礼数。故而损坏了名声，也处于危险之中，但是他们还不停止，这都是为利。上古之士，衣不足以御寒，食不果腹，苦其心志，劳其体肤，伤及五脏，但是他们还是努力去做，这非平常人能做到，但是他们却做到了，这是因为追求名的缘故。因此说，名利所驱，是导民之道。

君主掌控着名利的权柄，它能使人获得功名，这就是术。圣人审慎运用权势操控名利之柄，谨慎地用术来治理民众。术，即统治臣下之术，是治理国家的关键。因此万乘之国从未有过无术而不危，君主统治无术而不乱。当世君主欲开疆扩土治民却不审慎对待术，臣下想尽力做事而不立术。因此，国中有不臣服之民，君主有不服从命令的臣子。因此，圣人治理国家，对内令民归心于农，对外令民谋划作战的事情。对农民来说，耕作被当作苦差事，战争被看成是危险的事情。民众肯做他们认为辛苦的事情，干自己认为危险的事情，是出于利害计较。因此，民众生而为利筹划，死了也会考虑名声。名利的来源不能不慎重考虑。利来源于地，民众就会尽力耕地；名望出于战，民众就会拼死作战。对内使民尽力耕种，地就不会荒；对外使民拼死作战，一定会战胜敌人。对外胜敌，在内开垦土地，富强便唾手可得。

当今却不这样。当今之君主竭力做的都非国家当务之急。国君身有尧、舜之品行，功绩却赶不上汤、武皮毛，这是执柄之人的罪过。臣请述说其中的过错：治理国家不谈势而喜欢空谈，修养倒是加强了但是却没有什么功绩。因而听从读《诗经》《尚书》之士的谈说，民众游荡，轻视君主。听从隐士的，民众就会疏远君主，诽谤君主。听从勇士之言，民众就会争斗，轻视君主的禁令。任用技艺之士，民众就会劫掠，喜欢迁徙。商贾之人安逸且容易获利，民众就会攀比、议论君主。国家用了谈说之士、处士、勇士、技艺之士、商贾之士这五民，就会造成田地荒芜，军队战斗力削弱。谈说之士本钱在嘴，处士的资本在志高意洁，勇士的资本在勇气，技艺之士的资本在手艺，商贾之士的资本在其自身。因此这些人四海一家，周围资源都是他们的资本。民众把谋生的资本看得比自身还重要，在身外去寻求可以依托的势力。挟带谋生的资本，归于私门，尧舜也难以把这样的国家治理好。因此，商汤、周武王禁止五士功成名就。圣人不是能以世人易做战胜难做，而恰恰是以难战胜易。因而，民众愚昧，可以用智慧战胜；世人有智慧，可以用力量去战胜。臣下愚笨，以出力为易，以技巧为难；世人有技巧，以知为易，以出力为难。因此，神农教民耕稼而王天下，民众学习的是他的智慧；商汤、周武王因其强大而征服诸侯，靠的是力量。当今之世民众恣意放纵，正是仿效商汤、周武王的时候，而人君却仿效神农的做法，犯了治国的禁忌。因此千乘之国思想上迷惑，行动上混乱，这些他们努力做的事情，都是错的。

民的天性：尺寸度量选取长的，称重选重的，衡量得失，选取有利的。贤明的君主要审慎地透视这三者，国家治理的规矩就可以立起来，民众的才能也能得到很好的运用。这就是国家对民众要求得少，民众躲避国君的要求的方法多。在国内要让民归属于农耕，在外，要使民一心于作战。因而，圣人治理国家，设置诸多禁令以限制民众农战之外的才能，彰显力量的重要性使诈谋走向穷途末路。如果运用农和战两者，那么境内的民众就会一心；民众一心，归于农；归于农则淳朴；淳朴则安居，不喜欢外出。因此圣人治理国家，把民众的资本引向土地，很少寄托于土地之外的危险。把民众的资源引向土地则民淳朴，寄托于土地之外的危险则民迷惑不清。只有这样，农人才能平时尽力农事，战时用心于战。农人尽心农事，国家的财富就会增强，团结于战则邻国危。国家财富多了，民众就不会背着东西逃到外地，邻国危，民众就不会逃到国外。如果国内无资源，把希望寄托于土地之外，再疯狂的人都不会这样做的。因此圣人治国，洞悉风俗，建立法度，国家大治；洞悉国事之本是最合宜的。如果不察风俗，不考虑立国之本，就是立了法令，民众也会乱，事情做得多却看不到功效。这些就是微臣所说的过失呀。

刑罚是用来禁止奸邪的；赏赐，是用来协助禁令的实现的。羞辱劳苦是民众所厌恶的；显荣安逸是民趋之若鹜的。国家的刑罚不能让人畏惧，爵禄不足以让人趋之若鹜，这些都是亡国之兆。该受刑罚的人逃脱刑罚，小人就会放纵逃避，不惧怕刑罚，对君主有侥幸之心以求利。求取显荣的途径不统一，臣子就会攀附权势求取名耀。小人不规避刑罚禁令，因此触犯刑罚的情况就会增多。官吏不遵循法令实行刑罚。刑罚增多，又不按照法令执行，国家就会产生更多的奸佞。富人不能守住他的资产，贫者不能更好地从事他们的职业。田地荒芜，国家贫困。田地荒芜，民众奸诈计谋生；国家贫困，君主就没有可赏赐的。因此圣人治理国家，受过刑罚的人在国中是没有地位的，犯过罪的人是不能担任官职。如果受过刑罚的人位列国中，官吏就不会以自己的位势为尊。受过刑罚的人锦衣玉食，那么普通人就会希望得到同样的好处。官吏不以职位为尊，则羞于建功立业；普通人贪图非分之利，就会以奸邪为荣。刑罚是未来防止奸佞的，官爵是为了勉励军功的。当今国中的爵位，民众以获取为耻，设置的刑罚民众却以犯法为荣。这些都是法术方面的弊端呀。因此国君统一操控权柄之术，封官授爵勉励民众，按照功劳任用官吏。这样上上下下就会认为是公平的。上上下下公平了，臣子能够为国尽力，君主就能独掌权柄了。

以地养民，以术治民

　　《算地》篇主要阐述的是如何通过规划、引导名利的政策、有效执行刑罚等方式，堵塞现实中的显荣逸乐之门，使民众把精力集中在土地上，"利出于地"，"民资藏于地"，"以地养民"，"以地养战"，从而增强国家的实力，为对外战争做好准备。

　　在《算地》篇中商鞅论述了国家治理中合理的空间布局，民地关系的平衡掌握，使平时能够养活百姓，战时能够提供充足的粮食、财物保障。商鞅认为治理国家应该对国土进行整体规划和布局。山林、湖泊、沼泽、溪谷流水、城市、道路、恶田、良田等都应该有合理的占比。尤其是民地应该有适当的比例关系。民胜地，现有的人口就能满足开垦土地的需求；地胜民，人口不能满足土地开垦的需求，就需要招徕人口，从事荒地的开垦。

　　商鞅强调了术的地位："术"是治国之要，也就是说"术"是治理国家的关键。"术"，在这里又被称为"数"。商鞅把术在国家治理中抬到了十分重要的地位。商鞅所说的术，是君主掌握、运用名利的权柄，进行的导民之道。他强调"术"的根本，也就是用"术"的最终目的是引导民众开垦荒地，是上下齐心对抗外敌。商鞅认为，用"术"的关键是运用好名利的权柄，依靠功名利益来引导民众。人人都追求名利，生而为利，死而虑名。民众的本性是讨厌劳累，喜欢安逸，不愿意吃苦，而愿意享乐。因此，治理国家就要善于利用这一点，引导民众去做在平常看来是辛苦的、危险的事情。商鞅主张，爵位、名望、地位和利益等都应该来源于土地的耕作、来源于战争的功勋。名和利来源的渠道越是统一，社会的认同度越高，民众越是能够尽地力，赴战死。

值得注意的是在谈到名利的引导方面，商鞅提出了要形成引导民众以职位为荣、为傲的氛围，增强自豪感，而非不尊重自己的职位、以所在的职位为耻。这种荣辱观对于我们今天同样也有很大的启发意义。

在《算地》篇中，我们可以看到，商鞅刑罚的思想又有了新的内容。他把受刑罚的惩罚、犯罪和社会地位、职业的获得结合起来。刑罚不仅仅是当下的惩罚，而且受过刑罚的犯罪之人，"无国位""无官任"，也就是说不能在国家、社会中获取一定的职位、享有一定的地位。商鞅还认为刑罚实施得多，说明百姓触犯刑律多，同时也说明刑罚的震慑作用不够，百姓没有对刑罚产生应有的畏惧。

此外，观俗立法则治是《算地》篇值得注意的一个思想。俗的内涵在商鞅看来就是普通人权衡利弊，求名索利的人情之常。当资藏于地，在通晓民的本性基础上进行治理，使民无法外出，不喜欢外出，安土重迁。用于作战，拼死效命于君上。

商鞅认为社会上有五民：谈说之士、处士、勇士、技艺之士、商贾之士。五民的资源分别在口、意、气、手、身。五民谋生的资本在于其人的生命本身，谋生手段和生命是联系在一起的。商鞅认为对五民的引导，就是把这些资源不是用于私，而是用于公，用于国家的富强，用于耕战，把这些资源引导到土地上，引导到对外战争上。社会资本是 20 世纪 70 年代以来，经济学、社会学、行为组织理论，以及政治学等多个学科都不约而同地开始关注的一个概念。可以说，商鞅在中国思想史上是较早的蕴含社会资本概念的人。

开　塞　第　七

　　天地设而民生之。当此之时也，民知其母而不知其父，其道亲亲①而爱私。亲亲则别，爱私则险②。民众，而以别险为务，则民乱。当此时也，民务③胜而力征④。务胜则争，力征则讼，讼而无正，则莫得其性⑤也。故贤者立中正，设无私，而民说仁。当此时也，亲亲废，上⑥贤立矣。凡仁者以爱利为务，而贤者以相出为道。民众而无制，久而相出为道，则有乱。故圣人承之，作为土地、货财、男女之分。分定而无制，不可，故立禁；禁立而莫之司⑦，不可，故立官；官设而莫之一，不可，故立君。既立君，则上贤废而贵贵立矣。然则上世亲亲而爱私，中世上贤而说仁，下世贵贵而尊官。上贤者以道相出⑧也，而立君者使贤无用也。亲亲者以私为道也，而中正者使私无行也。此三者非事相反也，民道弊而所重易也，世事变而行道异也。

　　故曰：王道有绳⑨。夫王道一端，而臣道亦一端，所道则异，而所绳则一也。故曰：民愚，则知⑩可以王；世知，则力可以王。民愚，则力有余而知不足；世知，则巧有余而力不足。民之生：不知则学，力尽则服。故神农教耕而王天下，师其知也；汤、武致强而征诸侯，服其力也。夫民愚，不怀知而问；世知，无余力而服。故以知王天下者并⑪刑，力征诸侯者退德。

　　圣人不法古，不修⑫今。法古则后于时，修今则塞于势。周不法商，夏不法虞。三代异势，而皆可以王。故兴王有道，而持之异理。

武王逆取⑬而贵顺，争天下而上让。其取之以力，持之以义。今世强国事兼并，弱国务力守，上不及虞、夏之时，而下不修汤、武。汤、武之道塞，故万乘莫不战，千乘莫不守。此道之塞久矣，而世主莫之能废⑭也，故三代不四。非明主莫有能听也，今日愿启之以效。

古之民朴以厚，今之民巧以伪。故效于古者，先德而治；效于今者，前刑而法。此俗之所惑也。今世之所谓义者，将立民之所好，而废其所恶。此其所谓不义者，将立民之所恶，而废其所乐也。二者名贸实易⑮，不可不察也。立民之所乐，则民伤其所恶；立民之所恶，则民安其所乐。何以知其然也？夫民忧则思，思则出⑯度；乐则淫，淫则生佚⑰。故以刑治则民威⑱，民威则无奸，无奸则民安其所乐。以义教则民纵，民纵则乱，乱则民伤其所恶。吾所谓刑⑲者，义之本也；而世所谓义者，暴之道⑳也。夫正民者，以其所恶，必终其所好；以其所好，必败其所恶。

治国刑多而赏少。故王者刑九而赏一，削国赏九而刑一。夫过有厚薄，则刑有轻重；善有大小，则赏有多少。此二者，世之常用也。刑加于罪所终，则奸不去；赏施于民所义，则过不止。刑不能去奸而赏不能止过者，必乱。故王者刑用于将过，则大邪不生；赏施于告奸，则细过不失。治民能使大邪不生，细过不失，则国治。国治必强。一国行之，境内独治。二国行之，兵则少寝。天下行之，至德复立。此吾以杀㉑刑之反于德而义合于暴也。

古者民蕠㉒生而群处，乱，故求有上也。然则天下之乐有上也，将以为治也。今有主而无法，其害与无主同；有法不胜其乱，与无法同。天下不安无君，而乐胜其法，则举世以为惑也。夫利天下之民者莫大于治，而治莫康于立君，立君之道莫广于胜法㉓，胜法之务莫急于去奸，去奸之本莫深于严刑。故王者以赏禁，以刑劝。求过不求善，藉㉔刑以去刑。

注　释

①亲亲：以亲者为亲。

②险：行险。

③务：求。

④征：夺取。

⑤性：人的本性，生命、生机。

⑥上：尚。

⑦司：掌管。

⑧相出：民初无所依，贤人出，民从之。但是贤人中又有等次之差，有优劣高下，因此，崇尚贤人之世是以能力为基础的。贤人多了，不知从哪个，所以就会乱。

⑨绳：尺度，标准。

⑩知：同"智"，智慧。

⑪并：同"摒"，摒除。

⑫修：当为循之误。

⑬逆取：指周武王以诸侯的身份夺取帝位，不符合礼制。

⑭废：读为发，发即开，废以为刑政。

⑮名贸实易：指名和实均易，指名实错位、颠倒。

⑯出：生。

⑰佚：安逸。

⑱威：畏，畏惧。

⑲刑：原为"利"，乃"刑"字之伪。

⑳道：当为首。道与首，古字通。

㉑杀：是效字之误。

㉒藂（cóng）：聚集，丛生。

㉓胜法：任法。

㉔藉：借，借助。

译　文

开天辟地后人类就诞生了。当此之时，人们只知自己的母亲是谁，不知道父亲是谁。人们的处世之道是爱自己的亲人，喜欢私利。亲疏有别，喜爱私利就会行险掠夺。民人众多，皆亲疏有别、行险掠夺，那样民众就会乱。这一时期，民众多争强好胜，靠力量压制别人。争强好胜就会去争，以力征服人就会产生纠纷，纠纷得不到公正的解决，就无法顺应人的本性。因此贤人立中正的规则，奉行无私，因而民众就喜欢仁爱。当此之时，亲其亲的制度就废了，尚贤制度确立。仁人以爱人和利他作为人的本分，贤人以推出贤能的人作为处世之道。民人众多没有一定的制度，推出多种贤人为道久了，就会乱。因此圣人接着以土地、财货、男女定名分，名分定了后，如果没有规则，不行，因此设立禁令。禁令立，没有掌控的也不行，于是有了官吏，官吏有了，没有统一管理也不行，于是立了君主。君主立，尚贤之制废除，以贵者为贵的制度确立了。然后就形成了上世的亲疏有别，爱亲人喜欢私利，中世的尚贤爱仁，近世以贵者为贵，以官吏为尊。尚贤以推举贤人为道，立君之世使贤者无用。以亲者为亲是以私为道，倡导中正就使以私为道无法畅行。这三者做事相反，这是世道变化带来的弊端，使人们所重视的东西发生了改变，世事变迁，人们所行之道也不一样了。

所以说，王道是有规则、标准的。君王统治天下是一个方面，臣子辅助君主治理天下也是一个方面，这两个方面各自行事之道有别，但是他们所奉行的准则是统一的。因此说，民众愚昧，君主就可以依靠智慧称王天下；世道是智慧之世，君主则可以依靠实力称王天下。民众愚昧，则力量有余而智慧不足；智慧之世，社会巧谋有余而实力不足。民之本性：没有智慧就学习，力量用尽就要服输。因此神农教民耕稼，称王天下，我们学习的是神农的智慧；商汤、周武王用强劲的实力征服诸侯，我们信服的是他们的实力。因此民众愚昧，没有智慧就要求教于人；智慧之世，没有实力就要屈服于人。因此以智慧称王天下者摒除刑罚，以实力征服诸侯者不用德政。

圣人不效法古人，也不拘泥于当下。效法古人就会落后于时代，拘泥于当下就会为当下的形势所羁绊。周不效法商，夏不效法虞舜之世。三代局势各不相同，都能称王天下。因此，复兴王道是有规律可循的，但是不同时代所秉持的理念却是不同的。周武王违背礼制以天下大顺为贵，夺天下却崇尚礼让。他以武力夺取天下，以义守天下。当今强国致力于兼并他国，弱国致力于防守，远不及虞夏之时，近不循汤、武之道。汤、武之道堵塞，因而万乘之国莫不从战，千乘之国莫不防守。这条道堵塞久了，当今君主没有谁能开启此道。因此三代以后就没有出现第四代了。不是贤明的君主就听不进我所说的，今日希望能用实际效果开启此道。

古代的民众朴实纯厚，当今之民巧诈虚伪。因此在古代有效的是把德放在治理之首；当今有效的是把刑放在治理之首。这是普通人感到疑惑的。当今之世，所谓义，是顺应民众之喜好，废除民众讨厌的。其所说的不义，是立民众所恶的，而废民众之所好。这两者名实颠倒，不可不审察清楚。立民众所喜好的，民众就会为他所讨厌的东西伤害；立民众所讨厌的，民众就会享受他所喜欢的。何以知如此？民忧虑则思考，思考了做事情就会有尺度；民安其所乐则容易放纵自己，放纵自己就会一味享受安逸。因此，以刑治民，民众就会畏惧；民众畏惧，就不会有奸邪；无奸邪，民众才能真正享受他们的快乐。以义教化民众，民众就会放纵；放纵就会乱；乱，民众就会被所讨厌的东西伤害。我所说的刑，是义之本；而世俗所说的义，是暴乱之道。治民就是要用他们讨厌的来管理，最终却能得到他们喜欢的事物；用他们所喜欢的来管理，最终必然受他们所讨厌的东西的伤害。

治理国家要刑罚多，奖赏少。因此王者之国，九分刑罚一分奖赏。弱国九分赏赐一分刑罚。人的罪过有大小，则刑罚有轻重；善有大小，则赏赐有多寡。这二者，是世人常用的。刑罚在犯罪之后使用，则奸邪就无法杜绝；赏赐用在民众所说的"义"上面，则过错就会不断。刑罚不能祛除奸邪，赏赐不能遏制过错，必生乱。因此王者把刑罚用于将要犯罪的时候，则大奸之事就不会发生；赏赐用于告奸，细小的罪过就不会漏网。治理民众能够使大的奸邪不发生，细小的过失不漏网，国家就会得到治理。国家治理好了必然强大。一个国家这样做，境内就会独享好的治理，两个国家这样做，战争就可以有所停止。天下之国都这样做，至德之世必然来临。这就是我所说的用杀戮、刑罚能够合乎道德，而以义治国则只能走向残暴的道理。

　　古代人们聚集在一起，过着群居的生活，秩序混乱，因此要求有首领。然而天下之所以有首领，是为了让他更好地治理天下。当今有君主却无法令，其危害和没有君主是一样的；有了法令却不能战胜混乱，和没有法令是一样的。天下人都不希望没有国君，却又喜欢摆脱君主的法令约束，这正是所有人感到迷惑的地方呀。利天下之民的莫过于好的治理，而好的治理没有比立君主更好的了。立君之道没有比立法更好的了，实施法治的任务没有比祛除奸邪更为急迫的了，祛除奸邪的根本在于严厉的刑罚。因此，王者用赏赐达到禁止民众犯罪的目的（因为赏赐告奸者），以刑罚劝勉民众。追究民众的过错而不理会民众的善举，依靠刑罚消除犯罪。

以民之情，轻罪重刑

　　《开塞》篇从人类治理发展的角度阐述了刑罚治理的必要性。"开塞"就是解开世人思想中崇古、法古的思想淤塞，解开君主心中的郁塞，劝导君主抛弃历史的包袱、心理的负担，采取新的治政理念。不同的时代，面对不同的社会状况，治理也应该采取不同的方式。这就是商鞅说的"民道弊而所重易也，世事变而行道异也。"商鞅把人类社会的发展分为上世、中世和下世。上世是亲亲而爱私，中世是尚贤而说仁，下世是贵贵而尊官。不同时代应该用不同的方式治理，才能使社会稳定。商鞅主张不效法古代，也不拘泥于当下。三代不同，用的治理方式方法不同，但是都可以称王天下。《开塞》篇让我们看到，商鞅是一个极为深刻的思想家，他的社会、法治和政治理念的源头体现在此篇中。此篇可以说是《商君书》整本书的社会历史观和方法论。

商鞅不仅提出了与时俱进的治理观，难能可贵的是商鞅认为每个时代有不同的时代特征，人们的道德风尚和价值追求也随着时代发展而产生了巨大的变化。所以，国家的治理依据自己时代的特点来塑造新的社会规则。先秦时期儒家和道家都看到了社会道德的发展出现了问题，道德的发展呈现出一种递减的态势。《礼记·礼运》把社会发展分为大同和小康两个阶段。大同社会，天下为公，选贤能，讲信修睦，老有所终，壮有所用，幼有所长，鳏寡孤独皆有所养。社会道德风气良好。小康社会，天下为家，有了礼义，君臣父子夫妇之别，人人为公的社会道德没有了，权力私有，一切以礼义为准绳。礼义表面是超脱的、公正的，但是实际上依附于权力，为权力服务。社会道德的变化的根本在于圣人，尧舜既没，圣人之道衰，所以自尧、舜、禹三代以来，社会道德始终处于逐渐沦丧的状态中。老子《道德经》第三十八章云："故失道而后德。失德而后仁。失仁而后义。失义而后礼。夫礼者忠信之薄而乱之首。"社会治理的准则不断变化，这种变化又不断地催化着社会底线逐步下移，致使道德沦丧。

商鞅的高明之处在于他看到了社会形态与人类道德观念之间的相互作用。商鞅认为，上古"民知其母而不知其父"，在这种依靠血缘来维系人与人之间关系的母系社会时代，"亲亲而爱私"就是人类本能的价值观念——亲近亲人，喜爱私利。亲近亲人就会有亲疏之别，喜爱私利就会心存贪欲和占有欲。当这样的念头产生，人们就会尝试着用各种方式去占有更多的财富——乃至抢夺他人的财富。大家你争我抢，世界于是变得混乱，没有人能够高枕无忧地生活。这个时候，人们就会产生对秩序的渴望。于是贤人站了出来，制定了公正公平的标准，重塑了人们的观念，让人们学会推己及人、像爱自己、爱亲人一样去爱世界上的其他人，于是"仁"就产生了。在追求"仁"的社会环境中，人们学会了利他和友爱，推举贤人来治理社会。可是时间久了，人口越来越多，社会财富越来越充足，贤人的治理标准也越来越难以统一，靠每个人自发的"仁"已经不足以维持社会秩序。于是圣贤出现，规定土地、财货、人口的归属；为了让归属更加明确，因此有了制度，产生了高下尊卑；而为了让制度有效运转，于是出现了官吏；而官吏需要统一指挥，于是出现了君主。从此，社会摒弃了崇敬仁德与贤能的社会道德风尚，树立了尊重权贵、上下有别的新观念，社会进入了全新的阶段。商鞅在这里刻画了这样的场景：社会状态影响人文道德观念——人文道德观念反作用于社会状态演进——社会状态变化发展，道德人文观念僵化，混乱产生——新规则诞生，人文道德观念发生改变——推进社会形态演进。在商鞅看来，社会是动态循环发展的。唯一的常量，就是人性的本能。

在商鞅看来，社会关系靠血缘维持，所以必然会区分亲疏远近。因为亲疏远近导致了社会混乱，所以必然追求公平正义、举贤任能。因为公平正义、举贤任能解决不了人口增加、社会分化的问题，所以必然产生高下尊卑的等级观念。从来没有哪种社会价值是理所应当的，社会价值、道德都是时代的产物罢了。

商鞅的社会治理就其本质来说是建立在道德冷漠基础上的治理。在商鞅看来，民众无所谓善恶，他们都只是有欲望的人。欲望才是世界上最本源的力量。因此社会治理的关键就是要善于利用人的欲望，达到治理目的。这就是商鞅所说的因民之情进行社会治理。商鞅认为，世人所谓的义是按照民众的喜好确立规则，把民众讨厌的东西废除掉。而他所说的义则不然，义是反其道而行之。按照民众的喜好确立规则，就会使民众放纵自己，由安乐开始最后受到伤害。而按照民众讨厌的刑罚为规则，树立了让民众畏惧的标准，最后使民众享受了快乐。商鞅的分析立足欲望情感进行推理分析，讲道理循循善诱。有人把商鞅的这种基于人的欲望基础上的治理称之为基于道德冷感的治理，这种道德冷感治理和传统的儒家、道家站在道德的制高点上的治理截然不同。今天，反思现实，深受传统社会影响，中国人的道德观念很强，也可以说道德观念根深蒂固。因此，在现实中，我们欠缺一种透过道德去直击本质的思维方式，因而在社会治理中既要关注道德，同时又不能为道德绑架。道德和治理的关系，值得我们思考。

道德冷感去治理社会，在赏罚问题，商鞅主张以罚为主，轻罪重刑的治理。《开塞》篇，商鞅对赏赐的内涵给予了限定：赏赐告奸者，这是他所说的赏赐的主要对象。在阐述轻罪重刑的道理时，他提到了刑罚要用于罪行即将发生还未发生；这时候，重刑的震慑作用使得犯罪者能够终止犯罪，刑罚才能真正发挥其作用。从这点来看，商鞅说的轻罪重罚很适合于我们当代。由于一些轻罪，如食品安全方面的犯罪，因为惩罚过轻，导致其不断反复发生，法律无法真正起到震慑作用。商鞅在治理中所说的追究过错并不理会民众的善举，虽然有点偏执，但是整体来说，他轻罪重刑以防止犯罪的思想则十分有意义。

司马迁《史记·商君列传》云："余尝读开塞耕战书，与其人行事相类。卒受恶名于秦，有以也夫。"司马迁的意思，《开塞》反映的思想和商鞅本人的"天资可薄"是一致的。在《史记》中司马迁为商君单独列传可见其对商鞅的重视，但是司马迁从商鞅本人的人性角度去评价商鞅变法的失败失之过于狭隘。司马迁评价商鞅仍然是从道德的角度去评价——商鞅提倡暴力手段、严酷的法令治国对民众毫无恻隐之心。道德、法律、礼义等都是社会发展的产物，世界上没有永恒的道德。最为重要的是专注于现实的社会生活现实。正是在现实意义上，商鞅变法带来的超强的民间动员力和战争能力为秦国带来了战争红利和功业荣耀。超强的现实性，这种现实性是和传统的执着于道德完全不同的思路，这才是商鞅以法以重刑治理社会的精髓之所在。

壹 言 第 八

　　凡将立国，制度不可不察也，治法不可不慎也，国务不可不谨也，事本①不可不抟②也。制度时③，则国俗可化，而民从制；治法明，则官无邪；国务壹，则民应用；事本抟，则民喜农而乐战。夫圣人之立法化俗，而使民朝夕从事于农也，不可不知。夫民之从事死制④也，以上之设荣名、置赏罚之明也，不用辩说私门而功立矣。故民之喜农而乐战也，见上之尊农战之士，而下⑤辩说技艺之民，而贱游学之人也。故民壹务，其家必富，而身显于国。上开公利而塞私门，以致民力；私劳不显于国，私门不请于君。若此而功臣劝，则上令行而荒草辟，淫民止而奸无萌。治国能抟民力而壹民务者，强；能事本而禁末⑥者，富。

　　夫圣人之治国也，能抟力，能杀力。制度察则民力抟，抟而不化则不行，行而无富则生乱。故治国者，其抟力也，以富国强兵也；其杀力也，以事敌劝民也。夫开而不塞，则知长⑦；长而不攻，则有奸。塞而不开，则民浑⑧；浑而不用，则力多；力多而不攻，则有虱。故抟力以壹务也，杀力以攻敌也。治国者贵民壹，民壹则朴，朴则农，农则易勤，勤则富。富者废⑨之以爵，不淫；淫者废之以刑，而务农。故能抟力而不能用者必乱，能杀力而不能抟者必亡。故明君知齐二者，其国强；不知齐二者，其国削。

　　夫民之不治者，君道卑⑩也；法之不明者，君长乱也。故明君不道卑、不长乱也；秉权而立，垂法⑪而治，以得奸于上，而官无不⑫；

赏罚断，而器用有度。若此，则国制明而民力竭，上爵尊而伦徒⑬举。今世主皆欲治民，而助之以乱。非乐以为乱也，安其故而不窥于时也。是上法古而得其塞，下修今而不时移⑭，而不明世俗之变，不察治民之情。故多赏以致刑，轻刑以去赏。夫上设刑而民不服，赏匮而奸益多。故民之于上也，先刑而后赏。故圣人之为国也，不法古，不修今，因世而为之治，度俗而为之法。故法不察民之情而立之，则不成；治宜于时而行之，则不干⑮。故圣王之治也，慎为、察务，归心于壹而已矣。

注　释

①事本：事之本，指农战，是一切国事之本。
②抟：本义是把东西捏聚成团，引申为专门，聚集。
③时：合于时宜。
④从事死制：从事，做事。死制，死于制，未遵从国家法制而死。制，法令。
⑤下：轻视。
⑥本：农。末：工商。
⑦知：智慧。长：增长。
⑧浑：糊涂，愚昧。
⑨废：杀、攻、废，是一个意思，指削减。
⑩卑：卑下。
⑪垂法：运用法律。
⑫不：否（pǐ），恶也。
⑬伦徒：民众。
⑭时移：因时而变。
⑮干（gān）：犯也。

译　文

凡是建立国家，不可不审察制度，不可不谨慎研究法度，不可不慎重处理国家的政务，国之根本不可不集中统一。制度合乎时宜，则国之风俗可转化，民众服从制度；治理之法昌明，官无奸邪；国家政务统一，则民众服从调用；国之根本统一，民众喜欢农耕，乐于从战。圣人确立法令而改变风俗，使民众早晚专心从事农耕，不能不明白这些。民众为国之事赴死效力，是因为君主设定荣誉之名，制定了明确的赏罚，民众不用虚言空谈、为填私门之欲而建功立业。民众喜欢农耕，乐于从战，是因为看到君主尊重农战之士，鄙视辩说技艺之人，瞧不起那些游学之人。因此，民众专心从事农战，家必富，而且声名显于国中。君主开启公利之门，堵塞私门，以吸引民众效力国家；为私门出力不能显达于国中，为私门也不能公开在君主面前请托。若如此，为国立功之臣得到鼓励，君主的命令得以执行，荒地得以开垦，放纵之民得以收敛，奸邪被抑制。治国能聚集民力，使民专一农战，那么国强；能够抓住农战之本，禁止工商，那么国富。

圣人治理国家能够集中民力，也能够发挥民力。如果制度明察则民力能够集中，虽然民力集中但是不能很好地发挥，民众为国出力却不能带来生活的富裕那样国家就会生出祸乱。因此治理国家，集中民众的力量，用这种力量富国强兵；发挥这种力量，使其消灭敌人，以此激励民众。如果君主只是打开为国出力受奖赏之门，不堵住为私人效力的请托之门，那么民众的想法就会增加，想法多了，不是用于攻打敌国，必然会有奸邪产生。堵住私人门路而不打开为国家出力受赏的门路，那么民众就会糊涂，不知所措；民众糊涂，不能被很好地使用，则民力就会增多；民力增多又不用于攻伐，一定会产生危害国家的蛊害。因此集中民力于农战，发挥民力以攻伐敌军。治理国家可贵之处就在于使民众统一，民众统一就质朴，质朴就会从事农耕，农耕人容易勤快，勤快就会变富裕。对于富裕的人，用官爵消耗他们的财产，他们就不会过分放纵；对过分放纵的施以刑罚，他们就会去务农。因此，能够聚集民力，但是不能发挥民力的，那样必然会动乱，能发挥民力而不能集中民力的必然灭亡。因此贤明的君主知道平衡二者的关系，国家才能强大；不知道平衡二者关系的，国家必然会被削弱。

民众得不到很好的治理，是因为为君之道没有得到高扬；法治不明，是因为君主助长了动乱。因此贤明的君主一定高扬君道，不助长动乱。君主手握权柄，依法而治，在上能收拾奸佞，官吏也就清正；赏罚决策分明，器物使用有度。若是这样，国家的制度清明，民众竭尽全力，君主设置的爵位尊贵，民众也能被任用。当今虽然君主都想治民，但是却助长了动乱。并不是君主乐于助长动乱，而是因为安于现状看不清时势的变迁。这样的话，他们虽然向上效法古代，但是学到的东西在今天却行不通。在下拘于现状，不能因时而变，不能明了世俗社会的变迁，不能洞察民之情。因此，赏赐多反而招致了刑罚，刑罚太轻，使赏赐没有得到应有的效果。因此君主设置刑罚但是不能令民众服从，赏赐用尽了财物但是奸邪却更多了。因此，君主对民众，应先刑罚后赏赐。因此圣人治国，不效法古代，不拘泥于当下，根据事世的变化治理，根据审量民情而制定法度。因此制定重大法度不审察民情，事必不成；治理合于时宜，实施起来就不会矛盾重重。因此，圣王之治，谨慎立法，考察时务，将精力专心用在国事之本，即农战这一件事情上而已。

壹国务，抟民力，务耕战

《壹言》篇并非标题呈现的统一人们的言论，而是"言壹"，是说治理国家中的统一的事情。《壹言》篇所说的统一，主要是治理国家的准则——法令上的统一，和治理国家中"壹民务"，把民众力量集中统一于耕战事务上面。

《壹言》篇辩证看待聚集民力和发挥民力的关系，是这篇的一个突出亮点。凝聚民众力量的目的是国家的强大，军队的强大。民众努力的目标和国家的激励导向一致，用刑罚制止放纵之人，使民众专心务农。这是把民众的力量集中起来。不仅如此，还要很好地发挥民力的作用，防止民众力量在社会上游荡，产生不稳定因素，带来社会的动乱，把这种力量有效地运用到农战中去。民众为国出力，就应该富裕；民众要感觉到自己出力了，获得了自己应该赢得的，因此就会感觉自己的付出是值得的，这样才能发挥民众的力量。对于富裕的人，用官爵去满足他们的要求，也是平衡他们需求的手段，同样是使用民力的一种手段。在聚集民力和发挥民力的作用方面，《壹言》篇始从民众对于财富，对于爵位的需求来论说问题，认为抓住这种需求，满足其需求，最后才能把民众之力统一起来，很好地发挥民力，实现强国强军的目标。

《壹言》篇主张只有"慎法""察务"，才能明世俗之变，察治民之情，没有明确的法令规范、法令制度，合乎时宜地使农战之士受尊荣，使那些辩说、游说、技艺之民没有社会地位。具体表现在刑罚上，就要赏罚得当。轻刑重赏，民不服安，而且过度的赏赐还带来了物资匮乏，助长了混乱。

《壹言》篇上述的核心含义概括起来就是如何形成统一的组织力、凝聚力，促使国家强大的问题。在国家统一的组织力、凝聚力的形成中，商鞅紧紧围绕增强国家力和消耗民力这对矛盾关系。要增强组织力和凝聚力必须把民力引导、凝聚到国家的目标即务耕战这一主题上去，增强国家力的导向作用。另一方面是消耗民力方面，这是同一问题的另一个方面，前面是从增强国力，是从积极意义上言；这一方面是从其对立面，从消极方面而言，民力是国家力的对立面，增强的民力必须消耗在战事等国家需要方面，否则就会形成祸患，成为国家统一组织力、凝聚力的负面因素、力量。

《壹言》篇的相关分析还让我们再一次思考传统文化中的公私关系。公私关系是中国传统思想文化，是经济文化、政治文化一对很重要的关系。《壹言》篇中，我们看到，一方面，公门和私门相对立，只有堵塞私门，把民众分散的力量聚集起来，把民众对于功名利禄的追求引导到国家的需求上，民众把精力放到农战上去，才能实现国家的富强。另一方面，"公"和"私"又是相统一的。传统认为，君主代表着私，代表个人或者家族利益。但是在中国古代家国统一、家国同构模式下，国君又代表着"公"，君主是国家公共利益的代表和主宰者。因此，商鞅在谈到"公"和"私"的关系中强调，要把民众之"私"统一到君主代表的"公"之中。

值得注意的是，在中国文化背景下，"公"是一元主体结构下的"公"，"公"是通过个人为代表的君主来体现的。这种一元主体结构，在秦汉以后取得了统治地位，成为中国封建社会的主体结构。在这一结构框架下，"君主"既是一定历史时空中有血有肉的个体，同时也是一个符号，这个符号是国家、天下等的代表，是共同体的代表。因此君主在中国政治文化的背景下就成为一个"公"和"私"的混合体。当商鞅为代表的法家在说到君主的时候，这个君主不是代表着那个有血有肉、有喜怒哀乐情感的君主，更多的是超越性的共同体代表的君主。由此，形成了中国文化中个人——共同体——国家统一的体系。从现实意义上看，《壹言》篇主张，为了国家的强大，必须堵住私人请托之门。这些思想很值得玩味，对我们今天的官吏治理有现实启发意义。

错 法 第 九

　　臣闻：古之明君，错法①而民无邪，举事而材自练②，行赏而兵强。此三者，治之本也。夫错法而民无邪者，法明而民利之也。举事而材自练者，功分③明；功分明则民尽力，民尽力则材自练。行赏而兵强者，爵禄之谓也。爵禄者，兵之实也。是故人君之出爵禄也，道④明，道明则国日强；道幽⑤，则国日削。故爵禄之所道，存亡之机也。夫削国亡主，非无爵禄也，其所道过也。三王五霸，其所道不过爵禄，而功相万者，其所道明也。是以明君之使其臣也，用必出于其劳，赏必加于其功。功赏明，则民竞于功。为国而能使其民尽力以竞于功，则兵必强矣。

　　同列而相臣妾者，贫富之谓也；同实而相并兼者，强弱之谓也；有地而君或强或弱者，乱治之谓也。苟有道，里地足容身，士民可致也；苟容市井，财货⑥可聚也。有土者不可以言贫，有民者不可以言弱。地诚⑦任，不患无财；民诚用，不畏强暴。德明教行，则能以民之有为己用矣。故明主者，用非其有，使非其民。明主之所贵，惟爵其实而荣显之。不荣，则民不急。列位⑧不显，则民不事爵。爵易得也，则民不贵上爵⑨。列爵⑩禄赏不道其门，则民不以死争位矣。人生而有好恶，故民可治也。人君不可以不审好恶。好恶者，赏罚之本也。夫人情好爵禄而恶刑罚，人君设二者以御⑪民之志，而立所欲焉。夫民力尽而爵随之，功立而赏随之。人君能使其民信于此如明日月，则兵无敌矣。

人君有爵行而兵弱者，有禄行而国贫者，有法立而治乱者，此三者，国之患也。故人君者先便辟⑫请谒，而后功力，则爵行而兵弱矣。民不死犯难，而利禄可致也，则禄行而国贫矣。法无度数⑬，而事日烦，则法立而治乱矣。是以明君之使其民也，使必尽力以规⑭其功，功立而富贵随之，无私德也，故教化成。如此，则臣忠君明，治著而兵强矣。

故凡明君之治也，任其力不任其德。是以不忧不劳而功可立也。度数已立，而法可修。故人君者不可不慎已也。夫离朱见秋豪百步之外⑮，而不能以明目易人；乌获⑯举千钧之重，而不能以多力易人。夫圣人之存体性，不可以易人。然而功可得者，法之谓也。

注 释

①错法：错，置。错法，即设置法度。
②举事：行事。练：干练。
③功分：职分。
④道：由，遵循。
⑤幽：隐秘，指在国家奖赏条件之外。
⑥财货：财物。
⑦诚：确实。
⑧列位：谓有爵位。
⑨上爵：上等爵位。
⑩列爵：分颁爵位。
⑪御：控制。
⑫便（pián）辟：指善于阿谀而受国君宠信的人。
⑬度数：尺度。
⑭规：谋求。
⑮离朱：即离娄，传说为黄帝时人，目力极好。秋豪：秋毫，秋天的兽毛。
⑯乌获：战国时期秦国的大力士。

译 文

我听说：古代的明君立法度，民众就没有邪恶的行为；施行政事，人的才能自然得到锻炼；行赏罚，军队就强大。这三者是治理国家的根本。君主建立法度民众没有邪恶的行为，是因为国家法度严明，民众以尊法为利。施行政事，人的才能得到锻炼，是因为职责分明。职责分明，民众就能竭尽全力，民众竭尽全力，人的才能自然得到锻炼。行奖赏，军队就强大，是指爵禄而言的。爵禄是军队最实质的奖赏。因此，君主赐予爵位俸禄，必须遵循公开的奖赏之道。按照公开的奖赏之道，国家就会日益强大；不遵守公开的奖赏之条件，国家就会日益衰弱。所以爵禄赐予之道是国家存亡的关键。那些国削君亡的国家，并不是没有爵禄，是他们赐予爵禄之道是错误的。三王五霸，他们所运用的方法不过是赐予爵禄，可是他们所达到的功效比其他君主高一万倍，原因在于他们赐予爵禄遵照公开的奖赏条例之道。因此，英明的君主用臣民必然是基于他们对国家的贡献，奖赏必定基于他们的功劳。论功行赏的原则公开昌明，那么民众就会竞相立功。治理国家能让民众竞相立功，那么军队必然强大。

处在同等位置而一方被迫称臣，是因为贫富差异；同样的国家却被人兼并，是因为强弱国力不同；拥有土地，做君主，有强有弱，这是治与乱的结果。如果治理得法，方圆一里的土地也足以安身，能吸引来有才能的人；就是身居闹市，也可聚集财富。有土地人就不能说是贫穷之人，有民众支持的人就不能说自己弱小。土地被实实在在地利用，就不愁没有财富；民众被实实在在役使，就不会惧怕强大的敌人。君主德行昌明，法令昌行，那么就能使民众所有的力量为自己所用。所以英明的君主能利用的不仅是自己所有的东西，役使的不一定是属于自己的民众。英明的君主所重视的，只是赐予官爵给有功之人并使他们荣耀。赏赐不使民众感到荣耀，民众就不热衷爵位。爵位不显贵，民众就不会尽力追求。爵位易得，那么民众就不崇尚爵位。授予爵位、分配俸禄，进行奖赏不遵循原则，民众就不会拼死以争了。人天生就有好恶，所以利用它就能够治理好民众。因此君主不能不慎重对待民众的好恶。民众的好恶是进行奖赏和刑罚的基础。人之常情是喜欢爵禄而讨厌刑罚，所以君主用此二者，用民众想得到的东西引导民众。民众尽了力，那爵位也随之得到，建立了功绩，奖赏也就跟着到来。君主假如能让他的民众相信这一点像相信明亮的太阳和月亮一样，那么军队就会天下无敌了。

君主能封赏爵位，军队的实力反而变弱；能发放俸禄，国家却依然贫穷；国家有法度，但社会政治依然混乱，这三种情况是国家的祸患。如果君主用人，优先考虑宠臣的求情请托，而把有功劳、有实力的人放在后面，那么即使行爵赏，军队实力必然削弱。国难当头，民众不拼死作战，利禄照旧得到，俸禄发了，国家却贫穷了。立法不讲求尺度，而国家的事务日渐繁多，结果是法令确立了而社会却更乱了。因此，英明的君主役使他的民众，一定使他们用尽全力立功，功绩有了，富贵也随之而来。国家没有私下的奖赏，政令就能够有效。这样以来，臣下忠诚，君主英明，政绩显著，军队强大。

因此，凡是英明的君主治理国家，根据民众为国出力的多少来加以任用，而不是以德用人。这样一来，君主不用过分操劳，便能建功立业了。法令的尺度确立了，才可以有效执行。因此君主不能不慎己。离朱能够在百步之外明察鸟兽身上细小的毫毛，却不能将他的好眼力转给别人；乌获能举起上千斤的重物，却不能将大力气转给别人。圣人自身所具有的特殊禀性，不能转给别人，但是圣人却能建功立业，那是因为用了法治啊。

爵禄以功，任力不唯德

《错法》通篇谈君主的治理之道。开篇云，错法、举事、赏行是治理之本。错法，就是以法来治理国家，举事就是实实在在去做事情，赏行就是赏罚的实施。这三件事情其实是一件事情，就是如何做到法治昌明，如何实施法治的问题。法治治理的具体途径是通过举事，而要举事，最为核心的是赏罚之道。

赏罚是获取爵禄的手段和方式，爵禄是赏罚实施的目的。爵禄之道和赏罚之道是统一的，通俗地说二者就是获得功名利禄之道。不同的社会制度下功名利禄的获取之道不同，社会的竞争机制不同，社会发展的动力不同，调集社会资源的方式也就不同，因而形成了不同的社会治理方式。《错法》篇把爵禄之道的昌明放在了十分重要的位置，认为爵禄之道关系到君主国家的生死存亡，是"存亡之机"。在商鞅的思想中，爵禄之道之所以重要，是因为其核心为它是凝聚人心的砝码，是激励社会力量的发动机。除了强调爵禄之道的重要性，商鞅还强调了爵禄之道的公开性，他认为功名利禄之道公开昌明，全社会都知道国家在奖励什么、惩罚什么，民众就会据此以动，就会有效的凝聚社会力量，从而达到有效治理的效果。

商鞅时代，独具特色的爵禄之道形成了一种新的社会治理方式。从爵禄之道的实施方面来看，爵禄获得、建立的基础和依据不同，形成了不同的治理方式。在世袭制度下，爵禄获取的基础是与生俱来的，名号、爵位以及财产等按照血缘关系世代传承。在商鞅变法之前秦国实行的是世袭制度，即世卿世禄制，秦国的爵位、封邑、官职等都是父子相承。商鞅时代，治理方式呈现出全新的变革。《错法》篇爵禄之道的一个突出变化就是根据其"劳"，依据其"功"，因其功劳而确定赏罚，进升爵禄。商鞅还强调，根据什么样的功劳标准进行赏罚，必须是公开、透明的。商鞅的爵禄之道一方面，相对于世袭制，对每个个体都是公平的、公开的、公正的。另一方面，也是更为重要的，是商鞅解决了世卿世禄制带来的社会发展动力不足的问题。这一点就是商鞅说的"功赏明，则民竞于功。"民众为了获取爵禄，竞相立功，形成"民以死争位"，军队英勇无敌，呈现出一种欣欣向荣的动态的竞争局面，有了这样的竞争，国家何愁不强大？

在前述基础上，商鞅提出了任力不任德的治理理念。以德治国，任德而治是传统的社会治理理念。《尚书·尧典》云："克明俊德，以亲九族；九族既睦，平章百姓；百姓昭明，协和万邦。"西周初期提出，民心无常，惟德是辅。到了春秋战国时期形成了较为完备的任德而治的德政伦理体系。以德治国在具体的实施中注重任用贤人，任用有德之人治理国家。和传统以德治国，任用贤人的主张不同，商鞅主张任力而治。任力而治可以做到垂拱而治，因为这种治理方式是把规矩先树立起来，一切按照规矩行事，按照法度行事，做事是有规矩可依。和任用贤人的德治比较而言，任力而治的优点是这种治理具有稳定性，而以贤人治理，贤人之贤是不能形成整体力量的，比如离朱能明察秋毫，乌获力大无穷，但是他们的能力也只是限于他们自身，这种特殊能力是不能转给他人的。但是任力而治则不同，可以根据不同的功勋、效率给予不同的奖惩，从而达到有效的治理。

商鞅的任力不任德的治理是建立在对人的欲望的洞悉基础之上的。这就是商鞅所说的因民之情而治。这里所谓的因民之情而治是指根据民众的好恶之情进行治理。在商鞅看来，民众的好恶之情具体表现为：喜欢爵禄而讨厌刑罚，因此国家的治理中就要使得民众喜好——爵位，让其荣，使其贵，以突出爵位的尊贵，让民众在行动上去追求。民众讨厌的是刑罚，因而就用民众讨厌的东西去惩罚不遵循法制的行为。正是在这个意义者，商鞅提出："好恶者，赏罚之本也"。

错法而治，将会获得一种治理的大格局。这种治理的格局不是仅仅依据国君自身的土地和人民。当然，我们这里说的是不仅仅依据自身的土地和人民，是因为在国家的治理上，要立足自身的土地，依靠自身的民众，引导民众建功立业。在法治昌明的背景下，土地和民众都是一个变数，是一个不断扩大的概念。错法而治就会"用非其有，使非其民"，从而形成较大的、开放式的治理格局。

战 法 第 十

凡战法必本于政。政胜^①，则其民不争。不争，则无以私意，以上为意。故王者之政，使民怯于邑斗^②，而勇于寇战。民习以力攻，难，难故轻死。

见敌如溃^③，溃而不止，则免^④。故兵法："大战胜，逐北^⑤无过十里。小战胜，逐北无过五里。"

兵起而程敌^⑥。政不若者，勿与战；食不若者，勿与久；敌众勿为客^⑦；敌尽不如，击之勿疑。故曰：兵大律^⑧在谨，论敌察众，则胜负可先知也。

王者之兵，胜而不骄，败而不怨。胜而不骄者，术明也；败而不怨者，知所失也。

若兵敌强弱，将贤则胜，将不如则败。若其政出庙算^⑨者，将贤亦胜，将不如亦胜。持胜术者，必强至王。若民服而听^⑩上，则国富而兵胜。行是久，必王。

其过失，无敌深入^⑪，背险绝塞^⑫。民倦且饥渴，而复遇疾，此败道^⑬也。故将使民者，若乘良马者，不可不齐^⑭也。

注　释

①政胜：指治理得法。

②邑（yì）：城市，都城；城邑，都邑。邑斗，指与本邑人的内部争斗。

③溃：本义是指水冲破堤岸，引申为溃败。

④免：停止，不再追赶。

⑤逐北：指追击败走的敌军。追亡逐北后演化为一成语。

⑥程：量。程敌，指权衡估计敌人的多寡。

⑦客：进攻。《春秋公羊传》："伐者为客，伐者为主"，何休注："伐人者为客，读伐长言；见伐为主，读伐短言之"。即客作为进攻的意思时，发音是长音。

⑧大律：重要法则。

⑨庙算：计算于庙堂之上，指开战前的精心谋划。

⑩听：从也。

⑪无敌深入：无，慢，轻慢。无敌深入，慢敌深入。

⑫塞：隘处，狭窄、险要的地方。

⑬此败道：指败军之道。

⑭齐：古"剂"字，调剂。

译　文

一般说来，战争策略必须以政治为根本。政治上治理得法，民众才不争斗。民众不争斗，才不能逞个人的意志，而是以统治者的意志为意志。所以成就王业的政事要使民众羞于和同邑人争斗，而勇于和敌寇作战。民众习惯于用实力进攻，这是难以做到的，但是做到了难以做到的事情，就会视死如归。

看见敌兵像决堤一样溃逃，并且溃逃不停，就应放过他们。兵法说："大胜，追赶败军不要超过十里。小胜，追赶败军不要超过五里。"

军队的行动要衡量敌军的力量。政治上不如敌国时，不要和敌军作战；粮食不如敌国多时，不要和它相持太久；敌兵数量比我们多时，我们就不要发起进攻；敌国一切都不如我们，我们就毫不犹豫地攻打。所以说：用兵的重要法则在于谨慎，研究敌情、对比双方实力的多寡，那么胜负是可以预知的。

王者之军，胜而不骄，败而不怨。胜而不骄，是因为战术高明；败而不怨，是因为知道了为什么会败。

如果敌强我弱，将领有能力就会获胜，将领无能就会打败仗。假如作战的决策出于朝廷的精心谋划，将领有能力也会取胜，将领无能也能取胜。掌握获胜之术，就一定能强大，称王天下。如果民众服从并听信君主，那么国家就会富强，军队则战无不胜。长此以往，必能称王天下。

用兵的误区是轻敌冒进，使军队背靠险地，越过关隘。兵士疲倦，饥渴交加，再加上若遇到疾病流行，这是败军之道。所以将领领兵，就像骑乘良马，不能不注意平衡力量。

战法本于政，民服听上

《战法》篇核心阐述了战争与政治的关系，提出了战以政为本的基本思想。毛泽东在《论持久战》中深刻地指出，战争是政治的继续。对比起来，我们可以看出毛泽东的这一思想有深厚的传统思想文化底蕴。《战法》中讲的政治，基本思想是统治者和民众的关系。政治治理得法的重要体现就是民众不私斗，团结起来，一致对外。统治者的意志就是民众的意志，这一思想积极的意义在于统一意志才能众志成城，一致对敌；才能国强、军强。民众的个人利益、个人意志要服从国家的意志、统治者的意志、君主的意志。如果我们不再过度延伸，单就取得战争的胜利，增强军事实力，从而增强国家的实力而论这一思想是有较强的合理性的。从一定意义上说，政治是什么？政治就是团结能够团结的人，形成强大的凝聚力，一致对外，这样才能取得战争的胜利。

战争和政治的关系，再具体地说，在《战法》篇中认为将领的能力对于战争胜负是很重要的，在特定情况下将领的能力可以决定战争的胜负。但是这只是就战争本身而言，我们在更宏阔的视野下，将领的能力不是万能的，将领的能力只有和国家政治的顶层设计，战争之事和庙堂之谋结合起来，二者有机配合，才能取得战争的真正胜利。如果国家政治的谋划、导向性上出现了问题，那么将领的能力再强也无法取得战争的最后胜利。《战法》篇的这一思想的整体思维、辩证思维特点十分突出。

《战法》篇强调了民众在战争胜负中的重要性。《战法》篇是以消极的方式表达的。它认为，民众服从并听信君主，国家才能富强，军队才能战无不胜。战争的胜负不仅取决于将领的能力，还取决于政治的统筹谋划，也取决于民众的服从和信任。民众服从、听信君主的治理，国家就会富强，军队也会战无不胜。在国家内部，民众不对抗，不逞个人意志，以君主的意志马首是瞻。从日常上来说，习惯于实力进攻，兵力必然强盛。从这里我们可以看出，《战法》篇所说的政治主要是两方面的内容，一是政治上的统筹规划，一是民众的服从和信任。政治在不同思想家视域中内涵是不同的，在商鞅富国强兵思维视域下，政治的这方面内容是统一的。

要达到国富兵胜的目的还需要一定的军事策略。量力而行是一个基本的策略。量力而行，其主要法则是审慎地对待战争，在战争中要充分研判敌情，对比双方实力的多寡，从而预判战争的胜负。商鞅认为，用兵的误区就在于冒险，把军队置于危险中的几种情形：士兵的饥渴、疲倦、疾病，以及不利的地形。有谋略、懂战法之人应该不会犯这样的错误的。

立本第十一

凡用兵，胜有三等①：若兵未起则错法②；错法而俗成；俗成而用具③。此三者必行于境内，而后兵可出也。行三者，有二势④：一曰辅法而法行，二曰举必得而法立。故恃其众者，谓之葺⑤；恃其备饰⑥者，谓之巧；恃誉目⑧者，谓之诈。此三者恃一，因其兵可禽⑨也。故曰：强者必刚斗⑩其意，斗则力尽，力尽则备，是故无敌于海内。治行则货积，货积则赏能重矣。赏壹则爵尊，爵尊则赏能利矣。故曰：兵生于治而异，俗生于法而万转；过势⑪本于心而饰于备势。三者有论⑫。故强可立也。是以强者必治，治者必强；富者必治，治者必富；强者必富，富者必强。故曰：治强之道三，论⑬其本也。

注　释

① 等：等级，种类。
② 错法：设立法度，实施法治。
③ 用具：用，器用。具，完备。
④ 势：形势，情势。
⑤ 葺（qì）：修饰。
⑥ 备饰：备，战备。饰，装饰。
⑦ 巧：美好。
⑧ 誉目：徒有虚名。
⑨ 禽：通"擒"。
⑩ 刚斗：刚，刚健。斗，战胜。

⑪过势：应为运势。

⑫论：通"伦"，秩序。

⑬论：考察。

译　文

　　凡是用兵作战，获胜的根本有三：军队出征之前要设立法度，推行法制；制定法度，使民众形成风气；风气形成了，那战争所需要的一切器用便有了。这三个方面的因素在国内具备了，然后军队才能出征。实现这三点有两个条件，一是君主辅助推行法治，法治得以实行；二是君主举措得当，法治才能确立。所以仗着自己人多势众，那就像用茅草盖房子，虽然多但不结实；依仗武器装备美观那叫浮华取巧，却不实用；仗着虚名，那叫欺诈虚伪。这三个方面，君主依赖其中一条，那他的军队就一定被对方战胜。所以说，强大的国家一定要使他的军队具备勇敢顽强的战斗意志，有了斗志就能尽全力打仗，拼尽了全力打仗，军队就会有无穷的潜力，这样的军队才能无敌于天下。国家的政策法令实行了，财富就会积累起来；财富积累起来了，那国家的奖赏就能够增加。奖赏专门发给有战功的人，君主赐予的爵位就尊贵；爵位尊贵，国家的奖赏就会产生有利的效果。所以说军队诞生于政治，而又因政策的不同而差异，风俗有法治的支撑才能形成，而又随法治不断发生变化。取得胜利的运势在于民心，而又通过装备而显示出来。这三个方面都理顺了，国家的强大就有保障了。因此，强大的国家一定社会安定，社会安定的国家一定强大；富裕的国家一定能治理好，治理好的国家一定富裕；强大的国家一定富裕，富裕的国家一定强大。所以说社会安定强大的原因有三个方面，一定要弄清它的根本所在。

法为治军之本

《立本》篇是《商君书》中篇幅比较短的一篇，但是短短的一篇《立本》又探讨了几个重大的问题：一是军事与法治的关系问题；二是军事与政治的关系问题；三是军事和国家富强的关系问题等。

商鞅探讨了事关战争胜利的三个要素：法、俗以及战争的物资装备即他说的用具。这三个要素除了物资装备是物质性的要素以外，法和俗两个要素实质上是一个要素，法是基础，是根本，俗是法的实施中形成的尊法的风气、风俗。在商鞅看来，军事上的胜利根本既不是依靠人多势众，也不是依靠装备器用的优良，而应该是法治，法治是胜利之本。法治是战争的前提，出征前就要立法治，法度立于前，才能形成上下同心、奋力拼搏的气氛，装备才能很好地发挥作用。以法的规矩树立为前提，激励机制形成，由此形成上下齐心的斗志，有了这样的斗志士兵便会全力以赴，军队便会发挥出巨大的潜力，军队便会无敌于天下。法治又以国家治理、社会治理的形式为战争做准备，为军事的胜利提供保证。在法治的贯彻执行背景下，国家才能安定、富裕、强大，而这一切又为战争的胜利提供了良好的国内环境，从而保障战争的胜利，是战争胜利之本。

值得一提的是《立本》篇中商鞅对于风俗和法治的关系的深层思考，虽然这些思考只是一些直观的论断。但是它明确地强调了风俗必须有法治的支撑，风俗有法治的支撑才能形成，而又随法治不断发生变化。在我们的常识判断中，风俗的形成主要是自然的，受历史文化和自然地理环境的影响，相沿积久而成的风气、习俗，是历史积累而形成的特定的社会行为规范。我们强调的是历史积累性和自然人文因素影响下的形成性，而在《立本》篇中商鞅则强调法治对于风俗的重要性，强调了法治在风俗的确立与发展中的影响和地位，这一思路值得我们结合时代的发展进行深入探讨，是一个重大的课题。

兵守第十二

　　四战之国[1]贵守战，负海[2]之国贵攻战。四战之国好兴兵以距四邻者，国危。四邻之国一兴事，而己四兴军，故曰国危。四战之国，不能以万室之邑舍钜万[3]之军者，其国危。故曰：四战之国务在守战。

　　守有城之邑，不知以死人之力与客生力战[4]，其城拔。若死人之力也，客不尽夷城[5]，客无从入，此谓以死人之力与客生力战。城尽夷，客若有从入，则客必罢[6]，中人必佚[7]矣。以佚力与罢力战，此谓以生人力与客死力战。皆曰："围城之患[8]，患无不尽死。"而亡此二者，非患不足，将之过也。

　　守城之道，盛力[9]也。故曰客[10]治簿檄[11]，三军之多，分以客之候车之数[12]。三军：壮男为一军，壮女为一军，男女之老弱者为一军，此之谓三军也。壮男之军，使盛食、厉兵[13]，陈而待敌。壮女之军，使盛食、负垒[14]，陈而待令。客至而作土以为险阻及阱格[15]。发梁撤屋[16]，给徙，徙之；不治而，燔[17]之，使客无得以助攻备。老弱之军，使牧牛马羊彘，草木之可食者，收而食之，以获其壮男女之食。而慎使三军无相过[18]。壮男过壮女之军，则男贵女，而奸民有纵[19]谋，而国亡；喜与，其恐有蚤闻[20]，勇民不战。壮男壮女过老弱之军，则老使壮悲，弱使强怜；悲怜在心则使勇民更虑，而怯民不战。故曰：慎使三军无相过。此盛力之道。

注　释

①四战之国：四面平坦，无险可守，容易受攻击的国家。

②负海：背靠大海。

③钜万：形容为数极多。钜，通"巨"。

④不如以死人之力与客生力战：不如用民众决一死战的力量与敌人的有生力量作战。死人之力，即决一死战的力量。生力，有生力量。

⑤夷城：夷，诛灭，屠杀。夷城，杀尽城上的兵士。

⑥罢（pí）：同"疲"，极劳为疲。

⑦中人必佚矣：中人，指城中之人。佚，通"逸"，安逸。

⑧患：灾祸。

⑨盛力：增强力量。

⑩客：指进犯之敌。

⑪治簿檄（xí）：即整理簿册发出征兵文告。治，整理。簿，簿册，簿籍。檄，文书，文告。

⑫分以客之候车之数：即依据入侵者前面侦察战车的数分别抵抗。候车，斥候（古代的侦察兵）之车，古代侦察敌情的车。

⑬盛食、厉兵：吃饱饭，磨快兵器。比喻做好战斗准备。

⑭负垒：指背负盛土的笼子。垒，古代盛土器。

⑮阱格：即指陷阱。

⑯发梁撤屋：即毁坏桥梁，拆除房屋。发，通"废"，毁坏。梁，即桥。

⑰熯（hàn）：焚烧，燃烧。

⑱慎使三军无相过：谨慎地让三军不要互相往来。慎，谨慎。相过，相互往来。

⑲纵（zòng）：即放纵。

⑳蚤闻：早听到。蚤，通"早"。

译　文

　　四面与他国接壤的国家贵在防御，背靠大海的国家贵在攻战。假如四面与他国接壤的国家喜欢发兵进攻入侵四邻，国家就危险了。因为四面的邻国每兴兵一次，自己就要兴兵四次，所以说国家就危险。四面与他国接壤的国家，如果不能有上万户规模的城邑，驻守数以万计的军队，那么这个国家就危险了。所以说四面与他国接壤的国家的主要任务是防御。

防守有城墙的都邑，不如用民众的力量，与敌人有生力量决一死战。这样做，城墙即使被攻破，由于守军拼死抵抗的力量，入侵者也不能将城上的守军全部杀死，入侵者也就无法进入城内，这就叫用拼死抵抗的力量与敌人作战。就算城墙上的守军被全部歼灭，入侵者假如能够进入城内，他们一定极为疲劳，而城内的军队以逸待劳在等着他们。用以逸待劳的兵力同疲惫的敌军作战，这就叫用精力充实的有生力量同疲惫的入侵之敌作战。因此人们都说："围城之战最令人担忧的是没有尽死守卫自己城邑的士兵。"排除以上两种情况，就不是兵力不足，而是将领的过错。

守城之道是增强自己的实力。因此，要认真整理簿册，发布出征文告，根据敌军先头侦察战车的数量，把军队分为三支。这三支军队分别是：壮年男子为一支，壮年女子为一支，男女中的年老体弱的为一支。壮年男子组成的军队，让他们吃饱饭，磨好武器，排阵迎敌。壮年女子组成的军队，让她们吃饱饭，背上装土用的笼子，排阵以待令。敌军到了，就让她们用土堆成障碍，挖好陷阱。毁坏桥梁，拆除房屋，如果来得及运走，就把拆下的东西运走；如果来不及就将这些东西烧掉，使敌人无法利用这些东西来助攻。年老体弱的一支，让他们去放牧牛、马、羊、猪，将能吃的草料尽数收集，喂养牛羊，以便为壮年男女的军队的饮食提供保障。要谨慎地让三支军队各自发挥作用，不互相往来。壮年男子到壮年女子的军队中，那男子就会爱上女子，那些奸民就会想出祸乱的主意，而国家就会灭亡；大家喜欢相互交往，害怕其传播一些不该传播的消息，到时候就是勇敢的民众也不愿意作战了。壮男壮女到年老体弱的军中去，看到老人的辛劳会让他们感到悲伤，看到体弱的人的辛劳会让强壮的人感到怜悯；悲伤、怜悯之情会让勇敢的民众增加顾虑，让胆小的民众就不敢作战。所以说，要谨慎地对待三支军队的交往，不要让其互相往来。这是增强防守力量之道。

盛力守城，三军无患

《兵守》重要的是讲国家防守，商鞅在这一篇主要论述了防守之道。篇名为"兵守"，但是整篇谈的不仅仅是军事防守的问题，还包括国家战略的规划布局与防守的关系，因此我们说《兵守》篇重点谈军队的防守，但是又不限于军队的防守。

首先，《兵守》篇提出，采取进攻和防守的策略要根据具体的环境变化。一个身处四面接壤国家环境中的诸侯国是不适合采取进攻策略的，应该以防守为主。如果采取主动进攻之策，战事一旦开始就有可能四面受敌。值得赞赏的是商鞅在这里有大局的眼光，不仅仅是就一场战争，一场战役来看待战争，而是把战争中的进攻和防守首先看作是特定环境下的产物。如何把控战争的态势，采取合适的战略策略是为将者、国家的治理者首先要考虑的。影响战争的因素是多元的，如地理环境、外交环境等，要根据不同的环境确定战争的基本策略，进攻还是防守。

其次，《兵守》篇强调了"死人之力"在防守中的重要性。所谓的"死人之力"是一种决一死战的力量，更确切地说是一种精神，一种誓死守卫家园，与敌人拼搏到底的精神。这种拼死保卫家园的力量是防守取得胜利的关键。商鞅在谈到这种力量的产生源泉的时候把它主要归结为将士，认为这是将士之能的体现。今天我们放在更为广阔的背景去看，将士们的组织力、鼓舞力的确是形成士兵迸发"死人之力"的关键要素，但绝不是唯一要素。

再者，商鞅重视女人和老人在战争中的作用。很明显，商鞅是根据女人和老弱之人的特点，发挥其特定的优势和作用，使其为防守贡献力量。女人主要做的是设置障碍及清除后患的事务，老人主要是为战争提供粮食等后勤保障。

值得重视的是商鞅在《兵守》篇比较早地提出了全民皆兵的思想。他关于三支军队的划分是这一思想的集中体现。壮年男女各为一支队伍，而老弱组也单独为一支队伍。三支队伍各自发挥着各自的功能。壮年男子是防守的主力，打仗的主力。壮年女子为防守提供环境保障，设置障碍等。老弱组主要是为防守提供后勤保障。这三支军队的划分基本上把所有的百姓都纳入到了战争的序列。这样全民动员，全民服务于防守的需要，调动一切可以调动的力量，从前线到环境到保障，组成了一个较为完整的闭环。发挥壮年女性在战争中的作用，也是《兵守》篇思想的一个亮点。女性在战争中的作用主要是设置军事障碍而不是进攻。老弱组是放猪、牧牛羊，为防守之需，为前线提供食品供应，也为前线提供战争工具供应。

商鞅十分注重防守过程中的军士稳定的心理建设。商鞅强调三支军队之间的军兵之间最好减少交往，甚至不要交往。商鞅认为，男兵到女兵的军队中容易产生男欢女爱，影响战争的胜负。男兵女兵到老弱阵营中去，看到老弱者的辛苦劳累产生悲悯之情，而这种悲悯之情会虚弱战斗意志。另外，交往中的见闻，交往中的不当信息传播等，都会削弱从战者的意志。基于此，商鞅主张限制三支军队之间的交往。总之，商鞅注意到了交往对从战者心理情感的影响。但是商鞅采取的措施又是消极的，他只是看到了交往带来的消极波动影响军兵稳定的士气，而没有看到交往带来的积极因素。一味地采取禁止、取消的措施只能变成强权压制，也会适得其反。

靳令第十三

靳令①，则治不留；法平，则吏无奸。法已定矣，不以善言害法。任功，则民少言；任善，则民多言。行治曲断②，以五里断者王，以十里断者强；宿治者削。以刑治，以赏战，求过不求善③。故法立而不革，则显。民变诛④，计变诛止⑤。贵齐殊使⑥，百都⑦之尊爵厚禄以自伐⑧。国无奸民，则都无奸市⑨。物多末众⑩，农弛奸胜，则国必削。民有余粮，使民以粟出官爵，官爵必以其力，则农不怠。四寸之管无当⑪，必不满也。授官、予爵、出禄不以功，是无当也。

国贫而务战，毒生于敌，无六虱，必强；国富而不战，偷生⑫于内，有六虱，必弱。国以功授官予爵，此谓以盛⑬知谋，以盛勇战。以盛知谋，以盛勇战，其国必无敌。国以功授官予爵，则治省言寡⑭，此谓以治去治，以言去言。国以六虱授官予爵，则治烦言生，此谓以治致治，以言致言。则君务⑮于说言，官乱于治邪，邪臣有得志，有功者日退，此谓失。守十者⑯乱，守壹者治。法已定矣，而好用六虱者亡。民毕农，则国富。六虱不用，则兵民毕竞劝⑰而乐为主用，其竞内之民争以为荣，莫以为辱。其次，为赏劝罚沮⑱。其下，民恶之、忧之、羞之。修容而以言，耻食以上交⑲，以避农战，外交以备，国之危也。有饥寒死亡，不为利禄之故战，此亡国之俗也。

六虱：曰礼、乐，曰《诗》《书》，曰修善⑳，曰孝弟，曰诚信，曰贞廉㉑，曰仁、义，曰非兵，曰羞战。国有十二者，上无使农战，必贫至削。十二者成群，此谓君之治不胜㉒其臣，官之治不胜其民，此谓六虱胜其政^㉖也。十二者成朴^㉗，必削。是故，兴国不用十二者，故其国多力，而天下莫能犯也。兵出，必取；取，必能有之。按兵而不攻，必富。朝廷之吏，少者不靫也，多者不损也^㉘。效功而取官爵，虽有辩言，不能以相先也，此谓以数治^㉙。以力攻者，出一取十；以言攻者，出十亡百。国好力，此谓以难攻；国好言，此谓以易攻。

重刑少赏，上爱民，民死赏。重赏轻刑，上不爱民，民不死赏。利出一空者^㉚其国无敌，利出二空者国半利，利出十空者其国不守。重刑，明大制^㉛；不明者，六虱也。六虱成群，则民不用。是故，兴国罚行则民亲，赏行则民利。行罚，重其轻者，轻者不至，重者不来。此谓以刑去刑，刑去事成。罪重刑轻，刑至事生。此谓以刑致刑，其国必削。

圣君知物之要，故其治民有至要，故执赏罚以辅壹教。仁者，心之续也。圣君之治人也，必得其心，故能用其力。力生强，强生威，威生德，德生于力。圣君独有之，故能述仁义于天下。

注　释

①靳（jìn）令：靳，固，确定。靳令，指严格执行法令。

②曲断：指由下层决断公事。曲，乡曲。

③求过不求善：即只追究过错不管善行。求，追求。过，过错，奸邪。善，仁善。

④变诛：变，通"辨"，明辨。诛，诛杀，惩罚。

⑤计变诛止：计，算计、谋虑。计变，改变原来的奸谋。诛止，停止诛杀，刑罚。

⑥贵齐殊使：即贵族和平民被统治者以不同的方式使用。贵齐，指贵族和平民。贵，指地位显要的人，即贵族。齐即齐民，平民。殊，不同。殊使，不同地使用。

⑦百都：犹百城，指各个城邑。

⑧自伐：来自攻伐，指从征战立功上获得。

⑨奸市：违法交易。

⑩末众：指从事商业的人多。末，古代指工商业，与为"本"的农业相对。

⑪无当：没有底。当，底，器物的底部。

⑫偷生：苟且求活。

⑬盛（shèng）：极，甚，引申为增加。

⑭治省言寡：政务就会简明，空谈少。治，治理，政策。省，简，不繁杂。言，指空谈的言论。

⑮务：通"瞀"，眩惑，即迷惑之意。

⑯十者：指的是儒家的各种思想，十不是确数，即各种思想。

⑰竞劝：竞，争相。劝，鼓励。

⑱沮：阻止，终止。

⑲上交：即指与君主交往，被君主任用。

⑳修善：以善自勉，行善。

㉑贞廉：正直廉洁。

㉒治：统治，治理。胜：制服。

㉓其政：国家的政策法令。

㉔成朴：有根基。

㉕少：轻视，鄙视。多：称赞，重视。载：通"埤"（pí），即增加。损：减少。

㉖数：策略，权谋，这里指的是法度，法令。数治：用法度来治理。

㉗一空：即一孔，指一个渠道，一个途径。

㉘明：严明。大制：重要的法度。

译　文

　　严格执行君主的法令，那么官府中政务便不会拖沓；法度公平，那么官吏中就没有邪恶之事发生。法度已经确定，君主就不应该用那些所谓的仁善之言来破坏法度。委任那些在农战中有功劳的人，那么民众就少说空话；委任那些所谓的讲仁义道德的善良人，那么民众就多喜欢空谈。实行法治，下层就能决断政事，在五里之内就能做出决断的，就能称王天下，在十里之内就能做出决断的，国家就强大，隔夜才将事情处理好的，国家就会被削弱。用刑罚来治理国家，用奖赏激励民众去作战，追究过错而不追求完善。如果法度明确了而且也不更改，那么法度的地位就彰显了。民众明了处罚的法令，心中盘算处罚的法令的利弊，处罚自然也就停止了。贵族和平民被君主以不同的方式使用，但是在各都市中，尊贵的爵位、丰厚的俸禄都要靠自己在征战中荣立的功劳获得。国家没有邪恶不守法的民众，那么都市中就没有违法的交易市场。如果物质产品多，从事商业的人多，农业生产就会松懈，奸邪之事就会发生，那么国家就会被削弱。民众有了多余的粮食，让民众用粮食换取官爵，如果得到官爵一定要靠自己的力量，那么农民就不会懒惰了。四寸长的竹管子没有底，一定装不满。授给官职、赐予爵位、得到俸禄不靠功绩，这就像没有了底的竹管一样，没有节制。

　　国家虽然贫穷却致力于作战，那么有危害的事就会在敌国发生，没有六种虱害，国家一定强大。国家富足而不作战，苟且偷生的事就会在国内发生，国家有了六种虱害，就一定会被削弱。国家根据功勋授予官职、爵位，这就叫做增加智慧谋略，鼓励勇敢作战。用官职、爵位增加智慧和谋略，用官爵鼓励民众勇敢作战，这样的国家一定无敌于天下。国家根据功勋授给官职爵位，那么政务就会简明，空谈就会少，这就叫做用政务除去政务，用空谈去掉空谈。国家按照六种虱害授予官职、赐给爵位，那么政务就会繁多，空谈就会产生，这就叫用政务招来政务，用空谈招致空谈。那么君主就会被空谈之士所迷惑，官府被治理中的邪恶风气搞乱，奸佞的大臣便得志了，有功于国的人一天一天地被排挤出去，这就是治理国家中所犯的错误。君主如果信奉儒家宣传的各种思想就会混乱，坚守让民众专一从事农耕和作战的思想，国家就会治理好。法度已经确定，而国君喜欢用具有六虱那样特征对国家有危害的人，国家就会灭亡。民众都选择务农，则国家就会富裕。像六虱那样危害国家的人不再被任用，那么士兵、民众都会争相鼓励而愿为君主效劳，国境内的民众都争着以从事农耕作战为荣，不认为这样做耻辱了，这是最好的了。退一步的情况是，民众为奖赏所鼓励，因刑罚而阻止。再差一点的情况是，民众讨厌为君主去从事农战，他们为此担心，以从事农战为耻辱。他们注重修饰自己的容貌，并且凭着这个四处游说，认为拿君主的俸禄就是耻辱，用这些方法躲避农耕和作战，同诸侯国进行交往，为自己准备后退之路，如果这样，国家就危险了。有人宁肯挨饿受冻甚至死亡，也不愿意为了利禄去作战，这是亡国的风气呀。

六种虱害是：礼制、音乐，《诗经》《尚书》；修养、仁慈，孝顺长辈、尊重兄长，诚实有信用，正直廉洁，仁爱、道义，反对战争，以参加作战为耻。国家有这十二样有害的东西，君主就没有办法让民众从事农耕和作战，国家一定会贫穷直到被削弱。如果这六种十二样虱害成群出现，这就是君主的统治不能胜过臣下，官府的治理不能胜过民众，这就是六虱的祸乱胜过了国家的治理。这十二样的虱害如果有了根基，国家一定会被削弱。因此，国家的兴盛是不能用这十二样的虱害，唯有如此，国家才能实力雄厚，天下诸侯国莫之能犯。军队如果出战，就一定能胜取；胜取，就一定能占有。如果按兵不动，就一定能使国家富强。朝廷的官吏，应该少的就不会增加，应该多的就不会减少。只要有成绩和功勋就能获得官职和爵位，虽然有诡辩的口才，也不能因此比别人优先，这就叫用做治国有定法。凭自己的实力去进攻，出一分力会得到十倍的收获；凭空谈去进攻，出十分力会付出百倍的代价。国家喜欢实力，这就是用别人难以得到的东西进攻；国家喜欢空谈，这就叫用容易得到的东西去攻击。

刑罚重，奖赏少，这是君主爱护民众，民众会拼死争取奖赏。奖赏重，刑罚轻，这是君主不爱护民众，民众也不会为奖赏而拼死战斗。爵位利禄出自一个途径，那么国家就会无敌于天下；爵位利禄出自两种途径，那么国家只能得到一半的好处；爵位利禄出自多个途径，那么国就难保了。加重刑罚，能严明重要的法度；法度不严明，是因为有六虱一样的祸害在作怪。六虱危害成群，那么民众就不会愿意为君主所用。因此，兴盛的国家不用六虱而用刑罚统治国家，那么民众就会与君主亲近；奖赏实行了，民众就能够获利。实行刑罚，对那些犯轻罪的人使用重刑，轻罪就不会发生，重罪也难以出现。这就叫做以刑罚遏制刑罚，刑罚最后不用了而大业可成。对重罪用轻刑，刑罚经常用而犯罪也经常有。这就是用刑罚招致刑罚，这样的国家必定被削弱。

圣明的君主懂得事物的关键，所以他治理民众能掌握最关键的要害。因此能够执掌赏罚引导民众专一从事农耕和作战。真正的仁爱是这种思想的延续。圣明的君主在统治民众时，一定要得到民众的真心拥戴，所以才能在农战中发挥民众的力量。实力能产生强大，强大才能产生威力，威力方能产生恩德，恩德生于实力。只有圣明的君主才能拥有实力，所以才能够在天下施行仁义。

忌虚言伪词，倡务实治国

《靳令》篇倡导治国中的务实精神。商鞅对法治在治国中的作用做了详细的阐述，这种阐述集中体现了他对务实精神的倡导。法治培养的是一种务实精神，对那些用仁义道德等看似高大上的虚言伪词治国形成的务虚精神，商鞅极为反对。以仁义道德治国，治国标准的不确定性，人为性较强；而以法治国，治国的标准公开、明确，人们有章可循，公开透明。按照公开透明的标准，社会对官职和爵位的追求是按照统一的途径来要求的，只要在农战中有功勋，按照功绩的大小授予官职和爵位，整个社会就会形成建功立业的氛围。这就是商鞅所说的务实精神的内核。

商鞅倡导务实精神，反对务虚还突出地表现在他对六虱的强烈抨击。他罗列了六虱的十二种的具体样态：礼制，音乐；《诗经》《尚书》；修养、仁慈；孝顺长辈，尊重兄长；诚实有信用；正直廉洁；仁爱、道义；反对战争，以参加作战为耻。商鞅对六虱危害集中的批判就是：六虱会在社会形成，助长空谈之风，助长懒惰、惧怕战争的风气，削弱民众建功立业之志，从而使奸佞横行。

务实精神在实践中突出体现在官职爵位的获得，要依靠民众自身的实力获得。商鞅主张官职爵位靠民众自身的力量去获得的思想是其法治思想的具体体现，这一思想理念打破了商周以降世袭制带来的弊端。在世袭制下，官禄爵位的获取是依靠嫡庶之分的先天的宗法制下的社会身份和地位。立官封爵以嫡长不以贤良是其宗旨。世袭制是宗法制下维持社会秩序，维持统治秩序的重要手段，但是世袭制最大的弊端就是依靠先祖的功绩，以与生俱来的身份和地位去获取俸禄和爵位。世袭制在春秋战国以力胜的年代，逐渐不适于社会发展的需求，不利于社会阶层的流动，不利于有才能的人依靠自己的能力去为社会做贡献。商鞅法治思想中"利出一途"打破了世袭制下身份地位的束缚，为社会阶层的流动提供了切实可行的途径。不仅如此，依靠自身力量，依靠建功立业来获取官职功勋，就能够有效地激励民众，从而形成积极向上、奋勇争先、服务于农战的社会氛围，极大地调动了民众的积极性。

务实精神进一步表现在法治的治理效率。法治能够提高治理的效率。商鞅认为按照法令行事，一是不拖沓。今天事今天毕，而不是拖延到明天、后天等。二是能在基层决断的事情不推到上层去。《靳令》

甚至把能否在基层有效决策，解决问题当成是国家称王、强大的风向标。凡事能在五里内按照法度决断的国家可以称王，凡事能在十里内按照法度决断的国家强大；而相反，凡事都要在君王那里去决断，这样的国家则是没有什么前途可言的。为什么会这样？从商鞅的论述我们可以看出，因为法度是明晰的，是公开透明的，人们只要按照法度行事，严格执行法度即可。法治能够提高行政效率的思想对于我们制度建设有积极的启示。行政组织的运行，制度是前提。制度建立起来了，只要严格执行制度，办事效率就会提高。效率的根本是制度确立和制度的执行问题。

商鞅所说的法治重点是刑治。他刑治的重要内容就是重刑轻赏。商鞅认为，只有重刑才能使民众轻罪不能犯，重罪不敢犯，从而形成尊法而行，在刑罚的严格威慑下形成去刑的局面，从而达到无刑罚的目的，达到刑罚的最高境界：消灭刑罚。这里我们可以从商鞅的观点中看出道家的思想对法家有一定的影响。道家主张无的境界。从有到无是一种发展，也是一种境界的提升。在商鞅这里就表现为从有刑罚走向无刑罚。

最后，我们要特别提一下《靳令》篇，商鞅对仁义不同于儒家的理解，也就是法家的仁义观。我们传统认为，法家是反对仁义的，不主张用仁义道德去治理国家的。这一观点也没错。但是我们只是看到了问题的一面。在商鞅这里，我们可以看出，他是明确地反对儒家的仁义道德，认为这些只是虚言，是空谈，君主迷惑于此就会误导其治国理政。但是我们应该看到，商鞅也是主张仁义的，当然他主张的仁义和儒家所说的仁义内涵是截然不同的。在《靳令》的最后一段，我们可以看到这一点。商鞅认为"故其治民有至要，故执赏罚以辅壹教。仁者，心之续也。圣君之治人也，必得其心，故能用其力。力生强，强生威，威生德，德生于力。圣君独有之，故能述仁义于天下。"

从这段话我们可以看出，商鞅主张治理民众要抓关键，只有抓住关键了才能赢得民心。儒家主张赢得民心是靠仁爱，商鞅主张赢得民心的则是"执赏罚以辅壹教"，严明赏罚，让农战理念根植人心，这就是他所说的赢得民心的内涵和手段。商鞅认为，这是真正的仁义。按照他的理解，仁义是建立在实力的基础之上的，实力、权威就是德，是君主之德。君主有此德，就会用仁义去治国理政，无敌天下。儒家认为人人皆有仁人之心，仁义的主体是大众性的，而商鞅的仁义主体是君主，是统治者的。统治者实施仁义的过程，就是治国理政的过程。儒家所说的仁义是建立在宗法血缘亲情基础之上的孝悌仁爱，商鞅为代表的法家所说的仁义是在国富民强目标下，对人的欲望通过刑赏进行引导、规制。儒家和法家的仁义观基础不同，内核不同。两种仁义观指导下，形成了两种治国理政的模式：以德治国和以法治国。

修权第十四

国之所以治者三：一曰法，二曰信，三曰权。法者，君臣之所共操①也；信者，君臣之所共立也；权者，君之所独制也。人主失守则危。君臣释法任私，必乱。故立法明分②，而不以私害法，则治。权制独断于君则威。民信其赏，则事功成；信其刑，则奸无端③。惟明主爱权重信，而不以私害法。故上多惠言而不克④其赏，则下不用；数加严令而不致⑤其刑，则民傲死⑥。凡赏者，文也；刑者，武也。文武者，法之约⑦也。故明主任法。明主不蔽之谓明，不欺之谓察。故赏厚而信，刑重而威必。不失疏远⑧，不违⑨亲近。故臣不蔽主，而下不欺上。

世之为治者，多释法而任私议，此国之所以乱也。先王县权衡⑩，立尺寸，而至今法之，其分明也。夫释权衡而断轻重，废尺寸而意⑪长短，虽察，商贾不用，为其不必也。故法者，国之权衡也。夫倍⑫法度而任私议，皆不知类⑬者也。不以法论知、罢⑭、贤、不肖者，惟尧，而世不尽为尧。是故先王知自议誉私之不可任也，故立法明分，中程⑮者赏之，毁公者诛之。赏诛之法不失其议⑯，故民不争。授官予爵不以其劳，则忠臣不进；行赏赋⑰禄不称其功，则战士不用。

凡人臣之事君也，多以主所好事君。君好法，则臣以法事君；君好言，则臣以言事君。君好法，则端直之士在前；君好言，则毁誉之臣在侧。公私之分明，则小人不疾贤，而不肖者不妒功。故尧、舜之位⑱天下也，非私天下之利也，为天下位天下也。论贤举能而传焉，非疏父子亲越人⑲也，明于治乱之道也。故三王以义亲天下，五霸以法正诸侯，皆非私天下之利也，为天下治天下。是故擅⑳其名而有其功，天下乐其政，而莫之能伤也。今乱世之君臣，区区然㉑皆擅一国之利而管一官之重，以便其私，此国之所以危也。故公私之交，存亡之本也。

　　夫废法度而好私议，则奸臣鬻权以约禄㉒，秩官之吏隐下而渔民。㉓谚曰："蠹㉔众而木析，隙大而墙坏。"故大臣争于私而不顾其民，则下离上。下离上者，国之隙也。秩官之吏隐下以渔百姓，此民之蠹也。故有隙、蠹而不亡者，天下鲜矣。是故明王任法去私，而国无隙、蠹矣。

注　释

①操：把持，掌握。

②分：职分。

③无端：即没有理由产生。

④克：能，能够。

⑤致：施行，施加。

⑥倨死：倨傲而不畏死。

⑦约：共同商定的事，共同议定要遵守的条文。

⑧疏远：指关系、感情不亲近。

⑨违：避开，回避。

⑩县权衡：县（xuán），古"悬"字。权衡，今所言秤。权，秤砣。衡，秤杆。

⑪意：估计，猜测。

⑫倍（bèi）：通"背"，背叛，违背。

⑬知类：谓懂得事物间类比的关系，依类推理。

⑭罢（pí）：同"疲"，弱而不能任事，无能。

⑮中程：合乎法度。

⑯议：通"仪"，即法则，引申为标准。

⑰赋：给予。

⑱位：古文立位同字，立，莅也。位天下，即君临天下。

⑲越人：疏远的人，外人。

⑳擅（shàn）：专权，独断，独揽，独掌。

㉑区区然：形容人自得的样子。

㉒鬻（yù）权以约禄：鬻，卖。鬻权指弄权以谋利。约，求取。约禄，即求取俸禄。

㉓秩官之吏，隐下而渔民：秩官，常设之官。秩，常。隐下，隐瞒下情。渔，侵略，掠夺。

㉔蠹（dù）：蛀虫。

译　文

　　国家之所以能够得到好的治理有三个因素：一是法度，二是信用，三是权力。法度是君臣共同执掌的；信用是君臣共同建立的；权力是君主单独掌控的。君主失去权力的掌控就会陷入危境。君臣抛弃法度只顾私利，国家必然混乱。所以确立法度，明确职分，并且不因为私利而损害法度，那么国家就会得到好的治理。权力独断于君主，君主的威望就树立了。民众对君主的赏赐充分信任，那么国家富强的事业就成功有望；民众信服君主设立的刑罚，奸邪就不会发生。只有贤明的君主才爱惜权力、看重信用，不会因为私利而损害法度。所以君主如果许下很多施予恩惠的空话而不能兑现，臣下就不会愿意为其效力；屡次颁布严厉的法令而从不执行，民众就会轻视死刑。凡是奖赏都是文治，惩罚则是武治。赏和罚，文和武都有法度所遵循的条文。所以贤明的君主是实施法治的。贤明的君主不被蒙蔽叫贤明，不被欺骗叫明察。所以重赏之下树立了信用，而重罚之下产生威严也是必然的。（重赏）不忘关系疏远的人，（重罚）不回避关系亲近的人。这样臣下就不会蒙蔽君主，百姓就不会欺骗统治者。

世上的大多数统治者都丢掉法度而任由私意来治理国家，这就是造成国家混乱的原因。先王设制秤砣和秤杆，确立尺寸的规则，作为标准能够沿用至今，是因为制置的度量标准界限明了。如果抛弃了权衡规则而去判断轻重，废除尺寸标准而去估算长短，即使估计得很准，就是商人也不会用这种办法，因为这样的结果不是完全受到肯定的。所以，法度就是治国的权衡。违背法度而仅靠个人的意见，都是不懂得类推事理的。不用法度而论人是智慧还是愚笨，贤明还是无能，就只有圣人尧了，但世人不是人人都是尧。所以先王知道不可以任由私议和称誉来治理国家，因此确定法度明确职分，符合法度的就加以奖赏，危害国家的就加以惩罚。赏罚的法不失标准，民众就不会有争议。如果不按功劳来授予官爵，忠臣就不会尽力做事；不按功劳行赏赋禄，士兵就不会拼死打仗。

大臣侍奉君主，多数是投其所好。君主好法度大臣就以法度奉君，君主爱听好话大臣就以谗言奉君。君主好法度，身边就会聚集正直之士；君主好虚言，身边就都是奸臣。公私界限分明，平庸的人就不会忌妒有贤能的人，无能之辈也不会去忌妒功臣。所以尧舜统治天下，不是从天下去获取私利，是为天下之人而治理天下。选择贤能之人而传位给他，不是疏远了父子之亲情而去亲近无血缘关系的人，而是明白治理国家之道。所以三王靠仁义得天下，五霸靠法度掌控诸侯，都不是从天下掠取私利，而是为天下之人治理天下。所以独享明君的美誉又能建功立业的君主，天下的人都乐其统治，没有什么能伤及他的统治。如今乱世的君臣，滋滋于一国之利益，掌管着一国的权重，只是为了方便自己的私利，这也是国家陷于危机的原因。因此，公私分明是国家存亡的根本。

废除法度而喜欢一己之私议，那么奸臣就会卖官以求得财利，一般官吏就会隐瞒民情而鱼肉百姓。谚语说："蛀虫多了，而树木会折断；缝隙大了，而墙体就会塌掉。"因此，大臣争相谋取私利而不顾及百姓，那民众就会远离君主。民众远离君主，这是国家的"缝隙"。国家常设官吏隐瞒下情，侵犯民众的利益，这就是民众的"蛀虫"。因此，国家有了"蛀虫"和"缝隙"而不灭亡的，天下少有。所以贤明的君主实施法治摒去私利，国家就不会有"蛀虫"和"缝隙"了。

法度昌明，以法治权

《修权》篇认为权力治理的核心是法治。强调了法度的清晰明了是国家治理的核心。《修权》篇首先提出，治理好国家的三个要素：一是法度，二是信用，三是权力。当然这三个要素不是平行关系，三者之中，法度是第一位的。权力虽然是君主独操，掌握在君主手中，但是权力的使用必须遵循法度，在法度之内行权。商鞅《修权》中，我们可以看出君主的权力实际上是落实在赏赐和刑罚之权上面。而赏赐和刑罚又需要建立在法度的基础上，离开法度的赏赐和刑罚就是离开了规矩，离开了标准，就只能是主观性的内容。建立在君臣共建基础上的信用，也是以法度为基础的，实质上是对法度及其权威的信任。由此我们可以看出，在治理国家的三个要素中法度是具有十分核心的地位的，法度是主干，而信用和权力是建立在法度昌明的基础之上的。

长期以来我们形成了一种固定的认识，认为法家强调君主的权力，是加强君主的独断和专权。《修权》篇也貌似证明了这一论点，它提出在法度、信用、权力这三个要素中，权力是君主独断，独自掌控的。但是问题是，君主掌控是否就意味着君主专制？进一步是否可以理解为君主可以恣意妄为，可以想做什么就做什么？天下是不是就是君主一人之天下？我们从《修权》的进一步论述中可以看出，其实商鞅所说的君主独自专享权力和我们已经形成的固定偏见是有很大的差异的。

商鞅认为，任法而治要破除私意。法是尺度、标准、权衡。法为公，一定意义上代表着社会公共性，是臣下和民众共同遵守的规矩。商鞅认为，社会如果没有共同遵守的尺度和标准，社会就会乱。商鞅所说的法，从根本上是服务于富国强兵，鼓励民众从事农战的法。为了很好地实施法治，树立君主的权威，商鞅强调，只有法的严格执行才能树立起君主的威望。法要严格执行就不能按照私意，按照某个人的盘算，估计行事，也不能按照表面听起来很好，实际上没有多少实际用途的言论行事。任法而治就要不避贵贱等级差别，无论亲疏远近等私人关系，都按照法令的统一要求来行事。由此我们认为，在商鞅的思想中，君主独享权力是富国强兵的需要，这里的君主一定意义上是个符号，是诸侯国利益的代表者，是实现富国强兵目标的载体。

上述我们的看法还可以进一步通过《修权》中关于贤明君主的看法得到确证。《修权》篇提出尧舜位天下，"非私天下之利也，为天下位天下"。尧舜为古代帝王的典范，在商鞅的思想中得到推崇。在《修权》中贤明的君主不是"私天下利"的君主，都是有格局的圣明君主。这里我们所说的格局，基本的内涵就是不拘泥于私利，不是从天下获取私利，而是能够坚持法度原则，能够使天下按照法度来治理，从而天下之人都乐其政。为此，商鞅批判了那些为了私利卖官鬻爵、鱼肉百姓、对民情隐而不报、不顾百姓死活的行为。

总之，《修权》篇让我们看到，商鞅所说的君主运用权力进行治理的核心是坚持法度，以法度建立君臣之间的信任，以法度加强君主的权力，实现富国强兵的大国目标。

徕民第十五

地方百里者，山陵处什一，薮泽①处什一，溪谷流水处什一，都邑蹊道处什一，恶田处什二，良田处什四。以此食作夫②五万。其山陵、薮泽、溪谷可以给其材，都邑蹊道足以处其民，先王制土分民之律也。

今秦之地方③千里者五，而谷土不能处二，田数不满百万，其薮泽、溪谷、名山、大川之材物货宝又不尽为用，此人不称④土也。秦之所与邻者，三晋⑤也；所欲用兵者，韩、魏也。彼土狭而民众，其宅参居而并处。其寡萌贾息⑥民，上无通名⑦，下无田宅，而恃奸务末作以处。人之复⑧阴阳泽水者过半。此其土之不足以生其民也，似有过秦民之不足以实其土也。意民之情，其所欲者，田宅也；而晋之无有也信，秦之有余也必。如此而民不西者，秦士戚而民苦也。臣窃以王吏之明为过见。此其所以不夺三晋民者，爱爵而重复⑨也。其说曰："三晋之所以弱者，其民务乐而复爵轻也。秦之所以强者，其民务苦而复爵重也。今多爵而久复，是释秦之所以强，而为三晋之所以弱也。"此王吏重爵、爱复之说也，而臣窃以为不然。夫所以为苦民而强兵者，将以攻敌而成所欲也。兵法曰："敌弱而兵强。"此言不失吾所以攻，而敌失其所守也。今三晋不胜秦，四世矣。自魏襄⑩以来，野战不胜，守城必拔，小大之战，三晋之所亡于秦者，不可胜数也。若此而不服，秦能取其地，而不能夺其民也。

今王发明惠⑪，诸侯之士来归义者，今使复之三世，无知军事。

秦四竟之内陵阪丘隰⑫，不起十年征⑬，者于律也。足以造作夫百万。曩者⑭臣言曰："意民之情，其所欲者田宅也，晋之无有也信，秦之有余也必。若此而民不西者，秦士戚而民苦也。"今利其田宅，而复之三世，此必与其所欲而不使行其所恶也。然则山东之民无不西者矣，且慧⑮之谓也。不然，夫实圹虚⑯，出天宝⑰，而百万事本，其所益多也，其徒不失其所以攻乎？

夫秦之所患者，兴兵而伐，则国家贫；安居而农，则敌得休息。此王所不能两成也。故三世战胜，而天下不服。今以故秦事敌，而使新民作本，兵虽百宿于外，竟内不失须臾之时，此富强两成之效也。臣之所谓兵者，非谓悉兴尽起也，论竟内所能给军卒车骑。令故秦民事兵，新民给刍食⑱。天下有不服之国，则王以此春违其农，夏食其食，秋取其刈⑲，冬冻其葆⑳，以《大武》㉑摇其本，以《广文》㉒安其嗣。王行此，十年之内，诸侯将无异民，而王何为爱爵而重复乎？

周军之胜㉓，华军之胜㉔，秦斩首而东之。东之无益，亦明矣，而吏犹以为大功，为其损敌也。今以草茅之地，徕三晋之民而使之事本，此其损敌也，与战胜同实。而秦得之以为粟，此反行两登㉕之计也。且周军之胜、华军之胜、长平之胜㉖，秦所亡民者几何？民客之兵不得事本者几何？臣窃以为不可数矣。假使王之群臣，有能用之，费此之半，弱晋强秦，若三战之胜者，王必加大赏焉。今臣之所言，民无一日之繇㉗，官无数钱之费，其弱晋强秦，有过三战之胜，而王犹以为不可，则臣愚不能知已。

齐人有东郭敞者，犹多愿，愿有万金。其徒请赒㉘焉，不与，曰："吾将以求封㉙也。"其徒怒而去之宋，曰："此爱于无也，故不如以先与之有也。"今晋有民，而秦爱其复，此爱非其有以失其有也，岂异东郭敞之爱非其有以亡其徒乎？且古有尧、舜，当时而见称；中世有汤、武，在位而民服。此四王者，万世之所称也，以为圣王也，然其道犹不能取用于后。今复之三世，而三晋之民可尽也。是非王贤立今时，而使后世为王用乎？然则非圣别说，而听圣人难也。

注　释

①薮泽（sǒu zé）：指水草茂密的沼泽湖泊地带。

②作夫：耕作之夫，农民。

③方：方圆，指土地面积。

④称（chèn）：适合，相当。

⑤三晋：指战国时期的魏、赵、韩三国的合称，作为地理名词指魏赵韩原晋国故地。

⑥寡萌贾息（gǔ xī）：寡，弱。"萌"借以为"氓"。贾息，经商求利。

⑦通名：即爵位。

⑧复：地室，土窑。

⑨重复：重，重视。复，赋税。

⑩魏襄：指魏襄王，公元前318—前296年在位。

⑪明惠：大的恩惠。

⑫陵阪（líng bǎn）丘隰（xí）：陵阪，山坡。隰，低湿的地方。

⑬征：征收赋税。

⑭曩者：以往，从前，过去的。

⑮且（cú）意：且，通"徂"，本义是行军或类似行军那样的行走。意，德的古体字。且意，即因德使民归附。

⑯圹虚（kuàng xū）：旷野，荒地。

⑰天宝：珍美的宝物。

⑱刍食（chú shí）：粮草。

⑲刈（yì）：割草。

⑳葆（bǎo）：本意是形容草茂盛，这里同"宝"。

㉑《大武》：《逸周书》的第八篇。

㉒《广文》：《逸周书》之《允文》篇。

㉓周军之胜：指伊阙之战，发生在周赧王二十二年（前293年），石窟开凿前的洛阳龙门。秦国为打开东进中原通道，由大将白起率秦军在伊阙龙门大破魏韩联军，彻底扫平秦军东进之路，可谓白起的成名之战。

㉔华军之胜：即华阳之战。华阳之战，是秦昭襄王三十四年（公元前273年），秦国名将白起、魏冉率军在韩国的华阳（今河南省新郑市区北20公里的郭店镇华阳寨村周围）一带同魏国、赵国的军队发生的战争。魏赵两国最终战败，秦国获胜进占魏国大片城池。

㉕反行两登：行，做，行事。登，通"得"，取得，获得。从反面着手行事收到正反两面的效果。

㉖长平之胜：是公元前260年秦国率军在赵国的长平（今山西省晋城高平市西北）一带同赵国军队发生的战争。

㉗繇（yáo）：古同"徭"，劳役。

㉘赒（zhōu）：接济，救济。

㉙封：封赏。

译　文

在方圆百里的地方，高山、丘陵占国土的1/10，湖泊、沼泽占国土的1/10，山谷、河流占国土的1/10，城镇、道路占国土的1/10，薄田占国土面积的2/10，良田占国土的4/10。可以用这些土地养活约50000个从事农业生产的农民。其中的大山、丘陵、湖泊、沼泽、山谷、河流可以供给各种生活资料，城镇、道路足够它的民众居住，这就是先古帝王制定的规定土地、人口的定律。

现在秦国土地有五个方圆千里的地方，可是能种庄稼的田地还不能占到2/10，田数不到一百万，国中的湖泊、沼泽、山谷、溪流、大山、大河中的原材料、财宝又不能全部被利用，这就是人口与广阔的土地不相称啊。秦相邻的国家是三家分晋后的韩、赵、魏三国；秦国想要用兵攻打的是韩、魏两国。这两个国家土地面积狭小，而人口众多，他们的人口居住杂乱地交错在一起。百姓生存从事经商获利，上，不能获得爵位，下，没有土地和住宅，只能靠狡诈性的经商来维持生活。人们在山坡和湖泽的低洼处开挖洞窟居住的超过半数。这就是说，这些国家的土地不足以供养它的民众生存，这种人口和土地的发展不对称，和秦国人口少而土地多的情况不同。普通民众的愿望，无非是田地和房屋，这两者三晋也确实没有，而秦的田地等有多余也是确定的。在这种情况下，韩、赵、魏三国的民众却不向西进入秦，原因是秦的士阶层忧愁而民众劳苦。我个人认为，君王的官吏虽然聪明，而理念却出现了偏差。他们之所以不去争取三晋的民众，赢取其人心，是吝惜爵位，把收取赋税看得太重了。他们说："三晋之所以弱，是由于三晋民众一心务乐，国家又轻赋税和爵位。秦国之所以强，是由于秦国民众辛勤劳苦，朝廷又重视赋税和爵位。当今，如果秦也多赐爵位，延长租税的时间，就是放弃强秦的优势，恰恰做的是造成三晋之所以弱的事情。"这就是君王的官吏重视爵位、赋税的说法。我个人认为这种见解不妥。我们之所以让民众吃苦来加强兵力，是为了攻打敌国，成就富国强兵的愿望。兵法说："敌国兵力弱了，我们的兵力就强了。"这是说我们没有失掉进攻的条件，而敌人失掉了捍卫自身的条件。当今三晋战不敌秦，已经四代了。自魏襄王以来，他们野战打不过秦国，守城必定被秦国攻下，大小战争，三晋割给或败于秦的那是数不胜数。像这样他们还不屈服，是因为秦国仅能得到他们的土地，而不能夺去他们的人口。

现在如果大王发布大的优惠政策，凡是各诸侯国来归附的人，立刻免除他们三代的徭役赋税，不用参加作战。秦国四境之内，岭坡、土山、洼湿的土地，十年不收赋税，并把这些都写在法律中，足够吸引上百万从事农业生产的人。先前我说过："揣度民众的愿望，其所欲者，田地与房屋。可是三晋的匮乏是实情，秦的富裕也是实际情况。像这种情况韩、赵、魏三国的民众也不向西进入秦国，原因是秦的士阶层忧愁而民众辛苦。"现在赐给他们田地住宅，又免除他们三代的徭役赋税，这就是给他们想要的，又不让他们干他们不愿意干的事。这样，秦崤山以东的民众没有不西向来秦的，这就是归德之所向。况且这不只是说空话，实际也是这样的。因为从各国来的民众充实了荒芜的土地，开发了那里的天然宝物，使百万人从事农业生产，他们所创造的好处很多，难道这仅仅是聚集进攻的力量吗？

秦国国君担忧的是发兵去讨伐敌国就会出现物资短缺，发生贫穷；安居务农，敌人就得到休养。这就是君王所不能两全其美的事情。过去三代国君都打了胜仗，可天下诸侯国却不服气。现在用秦原有的民众对付敌国的军队，而让新招徕的民众从事农业生产，军队虽然已驻扎在境外百天，国境内也不会耽误片刻农时，这就是军事和生产两方面都能取得成效的事情。我所说的用兵，不是要悉数发动，全部投入战争，而是要调查清楚国境内所能供给军队的马匹和车辆。让故秦人去打仗，让新招来的人供给粮草。天下诸侯有不服从的，那君王用这些军队在春天包围他们的农田，夏天去吃他们贮藏的粮食，秋天夺取他们已经收割的粮食，冬天挖出他们藏好的粮食，用《大武》篇所言动摇他们的国本，用《允文》篇所言安抚他们的后代。君王如果这么做，那么十年以内，各诸侯国的人将没有不与秦人一条心的。君王为什么还要吝啬爵位，舍不得免除役赋呢？

伊阙和华阳之战的胜利，秦国军队斩敌众多，向东进攻。向东边进攻没有什么好处，也是很明白的，而大王手下的官吏认为这样做能建功立业，因为这样可以削弱敌人。现在我们用没有开垦过的荒地招徕韩、赵、魏三国的民众，再让他们从事农业生产，这样削弱敌人同战胜敌人带来的效果是一样的。而且秦国又获得了大量的粮食供应，这是攻敌和生产两个方面都能取得成效的妙计。况且秦国在伊阙之战、华阳之战、长平之战中损失了多少人呀？秦国原有的民众和招来的民众因战争不能从事农业生产的又有多少啊？我个人认为这些都是不可胜数的。假如君王的臣子们当中，有人能运用这些资源，只使用这些力量的一半来削弱韩、赵、魏三国的实力，使秦国强大，像取得三次战役的胜利一样，君王一定会增加赏赐。现在我所说的方法，是让秦民不服一天的徭役，官府不浪费多少钱，可是它却能确实削弱韩、赵、魏三国的实力，使秦国强大方面远胜过那三次战役，君王却认为不可行，那我就实在愚昧，对比不能理解了。

齐国有个叫东郭敞的人，愿望很大，希望自己能拥有万金。他的徒弟请求他救济，他不给，说："我要用钱去求得爵位。"徒弟听后愤而奔宋。有人便议论："这个人爱惜没有到手的东西，因此还不如将钱先送给现有的人。"现在韩、赵、魏三国民众多而秦国吝惜免除他们的徭役和赋税，这和东郭敞爱惜没有的东西，反而失去自己的徒弟有什么差异？上古的时候有尧、舜，其时被人称颂；中古时候有商汤、周武王，当其在君主之位时，民众都信服。这四位帝王，世世代代受到人们的称颂，但他们治理国家的方法却不能被后世所用。现在如免除三代的徭役和赋税，那么韩、赵、魏三国民众尽可被招来了。这难道不是君王您今天的贤明而让三晋的后世之人为大王效力吗？如此看来，不是圣人的说法特别，而是听从圣人的教导很难啊！

招徕民众，强大秦国

《徕民》篇从人地关系入手，提出了招徕三晋遗民，强大秦国的战略策略。秦国人少地多，人不称地。而三晋恰好相反，人多地少，土地不能满足耕作需要，多余的人只能从事商业贸易。因此，商鞅建议，秦国应该实行宽容开放性政策，放开爵位赐予，放开免去税赋政策，对于招徕的三晋之民给予与其功绩相应的爵位，而且为了鼓励他们从事农耕作业，免除三晋的赋税以增加秦人的物资供给。从长远来说，商鞅的这一战略对于秦国充分地挖掘自身的资源，利用外来的资源，从而增强国力都有十分重要的意义。从历史发展的趋势来说，人地关系在长历史阶段一定意义上肯定会打破不平衡的发展状态从而走向平衡，而人类采取的积极的战略则有助于这种平衡的实现，从而为实现人类的福祉提供良好的基础和条件。

　　人地关系是人类发展史上一个重要的关系。不同的民族，不同的时代，不同的人在需要前提下，对于人地关系的认知有鲜明的时代性、价值取向性。《徕民》篇从国家的发展壮大，地理资源的开发利用的角度阐述了商鞅对人地关系的认知。很明显，商鞅对人地关系的认知，一个鲜明的特征是发展秦地的农耕文化。秦的土地需要开发，开发土地是需要人力的，而这样的人力在三晋大量存在，因此需要国家给予政策的优惠来招徕新民。招徕的新民服务于农耕，秦人去对外征战，这样新开发的土地就能满足对外征战的物资需要。农耕和征战相互配合，为秦国的强大奠定基础。因此，从本质上来说，商鞅对人地关系的处置是服从于政治军事发展的需要的。

　　在《徕民》篇中也渗透了这样的思想：在战争的胜利中，得地和得人两者的辩证关系。秦国东向的伊阙之战、华阳之战等都取得了巨大的胜利，但是这样的胜利虽然使敌军遭到重创，提振了秦国的军威；但是从现实意义上说，秦国为了打赢胜仗也付出了惨重的代价，兵力也有损失，物资的损耗等自不必说。战争是赢得实力的重要手段，但是政治在赢得实力方面的作用同样不可忽视。通过战争打败敌人，这是一时之功。战争从一定意义上是看消极的，是消耗和毁灭。而积极的政治可以弥补这一欠缺。积极的政策，可以调动、重组现有的资源，使得现有的人力和地理资源能够得到很好的发挥和使用。如此，创造的成绩，取得的功勋，远胜于一场战争，这才是长久之利。而与此比较，攻城略地，只能是一时之功。从这一意义上说，得人比得地更宜。毛泽东在中国革命中对商鞅的这一理论做了创造性的实践诠释。1947年国民党军队在解放区的全面进攻受挫后，改为重点进攻山东、陕北两个解放区。当时，国民党胡宗南等部23万余人进攻陕甘宁边区，而陕北的解放军只有2万多人，众寡悬殊，在此情况下，毛泽东带领党中央机关主动撤离延安。毛泽东当时在做指战员的思想工作的时候，明确地说，党的军队作战历来不在于一城一地的得失，主要是消灭敌人的有生力量。毛泽东认为，蒋介石占领延安，绝不是他们的胜利，而是他们失败的开始。党中央要拿一个延安换一个全中国。毛泽东和党中央转战陕北一年零五天，在物资供给极端艰苦和与敌周旋十分危险的环境下，毛泽东和中共中央以非凡的胆略、超人的军事智慧与敌人周旋，诱敌深入，粉碎了国民党军队对陕北的进攻。

民心是最大的政治。儒家用道德仁义俘获民心，而商鞅为代表的法家则希望通过制度去赢得民心。《徕民》中东郭敞的故事一方面是人生观，另一方面也是历史观。《徕民》篇中关于是否对招徕之民放开政策，给予爵位和免除赋税方面的论述中还蕴藏着商鞅对人生态度与追求的看法。这一看法就是：是抓住手中现有的实惠与幸福，还是满足更大的愿望，也许这个愿望是一个虚幻，但是这个愿望一旦实现就能够满足和实现人更宏大的理想和追求。商鞅的看法，人心投资看起来是虚幻的，但是更能满足人宏大理想和追求的方向是值得的。未来可期，如果只是满足眼前的，看到能抓到手的东西，永远是鼠目寸光。只有面向未来，才能有更高的格局和眼界。从历史观的角度，只有赢得民心才能赢得天下。赢得民心才能赢得民众的信服，这是尧、舜、商汤、周武王赢得天下的密码。

刑约第十六（亡）

赏刑第十七

圣人之为国也，壹赏，壹刑，壹教。壹赏，则兵无敌；壹刑，则令行；壹教，则下听上。夫明赏不费，明刑不戮，明教不变，而民知于民务，国无异俗。明赏之尤①至于无赏也，明刑之尤至于无刑也，明教之尤至于无教也。

所谓壹赏者，利禄官爵抟②出于兵，无有异施也。夫固③知愚、贵贱、勇怯、贤不肖，皆尽其胸臆之知，竭其股肱之力，出死而为上用也。天下豪杰贤良从之如流水。是故兵无敌而令行于天下。万乘之国不敢苏④其兵中原。千乘之国不敢捍⑤城。万乘之国，若有苏其兵中原者，战将覆其军；千乘之国，若有捍城者，攻将凌⑥其城。战必覆人之军，攻必凌人之城，尽城而有之，尽宾⑦而致之。虽厚庆赏，何费匮之有矣？昔汤封于赞茅，文王封于岐周，方百里。汤与桀战于鸣条之野，武王与纣战于牧野之中，大破九军，卒裂土封诸侯。士卒坐陈⑧者，里有书社⑨。车休息不乘，从⑩马华山之阳，从牛于农泽，从之老而不收。此汤、武之赏也。故曰：赞茅、岐周之粟，以赏天下之人，不人得一升；以其钱赏天下之人，不人得一钱。故曰：百里之君而封侯其臣，大其旧；自士卒坐陈者，里有书社。赏之所加，宽于牛马者，何也？善因天下之货，以赏天下之人。故曰：明赏不费。汤、武既破桀、纣，海内无害，天下大定。筑五库⑪，藏五兵⑫，偃武事，行文教。倒载干戈⑬，搢笏⑭，作为乐以申其德。当此时也，赏禄不行，而民整齐。故曰：明赏之犹，至于无赏也。

所谓壹刑者，刑无等级，自卿相、将军以至大夫、庶人，有不从王令、犯国禁、乱上制者，罪死不赦。有功于前，有败于后，不为损刑⑮。有善于前，有过于后，不为亏法⑯。忠臣孝子有过，必以其数断。守法守职之吏有不行王法者，罪死不赦，刑及三族⑰。同官之人，知而讦⑱之上者，自免于罪，无贵贱，尸袭⑲其官长之官爵田禄。故曰：重刑，连其罪，则民不敢试。民不敢试，故无刑也。夫先王之禁，刺杀，断人之足，黥⑳人之面，非求伤民也，以禁奸止过也。故禁奸止过，莫若重刑。刑重而必得，则民不敢试，故国无刑民。国无刑民，故曰：明刑不戮。晋文公将欲明刑以亲百姓，于是合诸卿大夫于侍千宫㉑。颠颉后至，吏请其罪，君曰："用事焉。"吏遂断颠颉之脊以殉㉒。晋国之士，稽㉓焉皆惧，曰："颠颉之有宠也，断以殉，况于我乎！"举兵伐曹、五鹿，又反郑之埤㉔，东卫之亩，胜荆人于城濮。三军之士，止之如斩足，行之如流水。三军之士，无敢犯禁者。故一假道重轻于颠颉之脊，而晋国治。昔者，周公旦杀管叔、流霍叔，曰："犯禁者也。"天下众皆曰："亲昆弟有过不违，而况疏远乎！"故天下知用刀锯于周庭，而海内治。故曰：明刑之犹至于无刑也。

所谓壹教者，博闻、辩慧、信廉、礼乐、修行、群党㉕、任誉、请谒㉖，不可以富贵，不可以辟刑㉗，不可独立私议以陈其上。坚者被㉘，锐者挫。虽曰圣知㉙、巧佞㉚、厚朴㉛，则不能以非功罔㉜上利。然富贵之门，要存战而已矣。彼能战者，践富贵之门。强梗㉝焉，有常刑而不赦。是父兄、昆弟、知识、婚姻、合同者，皆曰："务之所加，存战而已矣。"夫故当壮者务于战，老弱者务于守，死者不悔，生者务劝，此臣之所谓壹教也。民之欲富贵也，共阖棺而后止。而富贵之门必出于兵。是故民闻战而相贺也，起居饮食所歌谣者，战也。此臣之所谓明教之犹至于无教也。

　　此臣所谓参教也。圣人非能通，知万物之要也。故其治国举要以致万物，故寡教而多功。圣人治国也，易知而难行也。是故圣人不必加，凡主不必废；杀人不为暴，赏人不为仁者，国法明也。圣人以功授官予爵，故贤者不忧。圣人不宥过，不赦刑，故奸无起。圣人治国也，审壹而已矣。

注　释

　　①尤：最，至高境界。

　　②抟（zhuān）：同"专"，专一。

　　③固：同"故"，因此。

　　④苏：同"傃"，向着，循着。

　　⑤捍：捍卫，保卫。

　　⑥凌：登上。

　　⑦宾：宾服，归顺，服从。

　　⑧坐陈：临阵，守卫阵地。

　　⑨书社：又称为"里社"。古代二十五家为一社。书社，即将社员之名籍书于社簿，它是古代的一种基层行政管理体制。

　　⑩从：通"纵"。

　　⑪五库：五库是指古代贮藏材料的五种仓库，包括车库、兵库、祭器库、乐库和宴器库、也有指金铁库、皮革筋库、角齿库、羽箭干库、脂胶丹漆库。

　　⑫五兵：五种兵器，有指弓、矢、殳（shū）、矛、戈，也有指其他五种兵器。

　　⑬倒载干戈：倒，把锋刃向里倒插着。载，陈设，放置。干戈，古代的两种兵器，泛指武器。把武器倒着放起来，比喻没有战争，天下太平。

　　⑭搢笏（jìn hù）：意思是插笏，后引申为指朝见。古代官员的官服，没有口袋，于是将笏直接插在腰带上，叫"搢笏"。

　　⑮损刑：减少刑罚。

　　⑯亏法：减轻法的惩罚。

　　⑰三族：三族古代有指的是父族、母族、子族，也有指的是父、子、孙三族等。

⑱讦（jié）：揭发别人的隐私或攻击别人的短处。

⑲尸袭：替代的意思。

⑳黥（qíng）：又称墨刑，古代在人脸上刺字并涂墨之刑。

㉑侍千宫：应为宫室名。

㉒断颠颉（jié）之脊以殉：颠颉，晋文公大臣。这里指把颠颉腰斩而死。

㉓稽（qǐ）：叩头至地。

㉔埤（pì）：城上的矮墙。

㉕群党：结党。

㉖任誉、请谒：信于友道为任，誉人之美为誉。"任誉"合起来就是讲求友爱，赞美他人。请谒，私下告求。

㉗辟刑：辟，躲避。辟刑，躲避刑罚。

㉘被：攻破。

㉙圣知：知，通"智"。圣知即聪明睿智。

㉚巧佞：机巧奸诈，阿谀奉承。

㉛厚朴：淳厚。

㉜罔：获取。

㉝强梗：骄横跋扈。

译　文

圣人治理国家，统一奖赏，统一刑罚，统一教化。统一奖赏，那么军队就会无敌于天下；统一刑罚，那么法令就能实行；统一教化，那么下级就能听从上级。高明的奖赏并不是浪费财物，严明的刑罚并不是乱杀人，修明的教育不是随意改变风俗，而民众都知道自己该做什么，国家也没有异样的风俗。公正高明的奖赏达到了一定程度就可以不再用奖赏，严明的刑法达到一定阶段就可以不再刑罚，修明的教育达到了一定程度就可以不再用教化。

所谓的统一奖赏，就是指利益、俸禄、官职、爵位都统一依据在战争中的功绩赐给，没有其他别处的奖励渠道。因此那些无论聪慧、愚昧、富贵、低贱、勇敢、胆怯、贤德、不贤德的人，都用自己全部的智慧、竭尽自己全部的力量，出生入死替君上卖命。天下的豪杰、贤良之士追随君主如同流水就（直）下一样。结果军队就会无敌于天下，政令畅通天下。这样的国家，万乘之国不敢在野外迎战他的军队，千乘之国不敢守卫城池。万乘之国的军队如果在野外迎战他的军队，只要战争打起来就会被他打得全军覆没；千乘之国如果防守城池，只要他一进攻就会被攻占城池。打仗就一定消灭对方的军队，进攻就一定占领别人的城池，那么所有的城池便都能占领，天下所有的诸侯都能来朝贡。这样的国家，即使对立功的军队多加奖赏，财物怎么会不足呢？从前商汤在赞茅建立国家，周文王在岐山下的周原建立国家，方圆也只有百里。商汤与夏桀在鸣条的原野上开战，周武王与商纣王在牧野地区交战，他们都大败夏桀和商纣王的强大军队，最后商汤和周武王都划分土地，分封诸侯，凡是坚守阵地的士兵，回到家乡后都有按社里登记入册的人口分有土地。战车放在那里不再乘坐，放马在华山南坡，放牛在农泽一带的地里，可以一直这样放牧下去。这就是商汤和周武王的奖赏啊。因此说：赞茅、岐周的粮食，如果用来奖赏天下的人，每个人还得不到一升；如果用赞茅、岐周的钱奖赏天下的人，每个人还不能得到一文钱。所以说：本来只拥有方圆百里土地的君主，却封自己的大臣为诸侯，这些诸侯的封地也比他们原来的国土大；对临阵的士兵，回到家乡后都拥有里社按书册登记人口分得的土地；他们的奖赏所及，甚至包括了牛马，这是什么原因呢？是因为他们善于使用天下的财物，用来奖赏天下的民众。所以说：公正高明的奖赏并不浪费财物。当商汤、周武王已经分别攻破了夏桀、商纣王时，国内没有什么祸害，天下十分安定。他们修建各种专门的仓库，收藏起来各种兵器，停止了战事，实行文教。将兵器倒着放好，不再征伐打仗，大臣们都穿着朝服，将朝笏插在腰间，创制了音乐，用来彰明自己的功德。当此之时，奖赏和利禄都不施行了，可是民众却很有规矩。所以说：公正高明的奖赏达到了一定程度，就可以不用奖赏了。

所谓的统一刑罚是指刑无等级，从卿相、将军，一直到大夫和庶民百姓，有不听从君主命令的，违反国家禁令，破坏君主制定的法律的，罪死不赦。从前立过战功，但后来发生触犯刑罚的事，也不能因此而减轻刑罚。从前做过好事，又在后来犯过错误，也不能因此而破坏法令。就是那些忠臣、孝子犯了罪，也一定要根据他们罪过的大小来定罪。执行法令的官吏、担任现职的官吏，有不执行君主法令的，有犯了死罪的，决不赦免，而且刑罚要罪及其三族。官吏四周的人，知道他们的罪过，并能向君主揭发检举他们的罪行，自己不仅能免受刑罚的处分，而且不分富贵贫穷，都能继承那位官吏的官爵、土地和俸禄。所以说：加重刑罚，株连族类，那么民众就不敢以身试法，也就等于没有刑罚了。古代帝王制定的法令，有将人处死的，有砍断犯人的脚的，有在犯人脸上刺字再涂上墨的，这不是追求伤害民众，而是为了禁止奸邪，阻止犯罪。因此禁止奸邪阻止犯罪，没有什么办法能比得上使用重刑。刑罚重并且要坚决执行，那么民众就不敢以身试法了，所以国家就等于没有受刑罚处治的民众。国家没有受刑罚处治的民众，因此说：严明的刑罚不是为了杀人。晋文公想要严明刑罚，使百姓亲近、服从他，于是召集所有的卿相、大夫于侍千宫，大臣颠颉来晚了，执法官请示晋文公定他的罪，晋文公说："按照法规办吧。"执法官于是砍断了颠颉的脊梁骨来示众。晋国的将士、民众议论起这件事都很惧怕，相互传说："颠颉是国君宠爱的大臣，触犯了刑律都腰斩来示众，何况对于我们。"后来，晋文公发兵进攻曹国及卫国的五鹿，回军时又推翻了郑国的矮墙，命令卫国的田垄一律改为东西方向，用来方便自己国家的兵车通过，在城濮大胜楚人。晋国的三军将士，命令他们停止前进，他们立刻就像被砍断了脚一样停止不再前行；命令他们进攻，他们就像流水一样迅速向前。三军将士没有谁敢于违抗禁令。因此晋文公只借用颠颉犯轻罪而处以腰斩的重刑办法，晋国就得到了治理。过去周公旦杀了管叔，流放了霍叔，说："他们是犯了法令的人。"天下的人都说："亲兄弟犯了罪过都不能免除制裁，更何况我们这些疏远的人？"从此天下人都知道周公将刑罚用在了朝廷内，国境之内便得到了治理。因此说：公正严明的刑罚其最高境界就是没有刑罚。

所说的统一教化，是指见闻广博、聪慧而富有辩才、诚实廉洁、精通礼制音乐、有道德修养、结成朋党、任侠有声誉、私下告求，不能因为这些而富贵，不能因为这些而逃避法令刑罚，不能独自创立学说凌驾于国家的法令之上。对那些顽固不化的要摧垮他，对那些锋芒毕露的要挫败他。即使所谓的圣明睿智、花言巧语、阿谀奉承、忠厚纯朴的人，也不能凭借不是在战场上立功而从君主那里得到好处。如果这样做，那些富贵的家族门第，也只能在战场上立功受赏罢了。只有那些能打仗的人，才能踏进富贵的大门。那些骄横跋扈的人，触犯了法律就会受到一定的刑罚而不能得到赦免。这样，那些父兄、昆弟、相知相识的朋友、男女亲家、志同道合的人，都会说："我们要加倍努力的地方就只有在战场上了。"因此，那些正当年富力强的人都一定努力作战，年老体弱的人努力从事防守，死在战场的人不后悔，活着的人相互鼓励，这就是我所说的统一教化。民众中想要得到富贵的，都是到死后盖上棺材才停止。富贵之门一定都是面向战事而开，所以民众听说要打仗便互相庆贺，民众起居饮食时所唱的歌谣，全是打仗的事。这就是臣所说的严明教育到一定程度等于没有教化。

这些就是我所说的奖赏、刑罚、教化三件事。圣明的人不能通晓一切，而是明白万事万物的要领。因此他治理国家，抓住要领而达到通晓一切，所以只实行这三种教育就能取得事半功倍的效果。圣明的人治理国家，明白道理容易却很难实行。所以圣人不用称赞，平凡的君主不一定要废掉；杀人不算残暴，奖赏人不算仁爱，这都是因为国家法律严明公正。圣明的人凭功绩授官职赐给爵位，因此贤德的人不用担忧。圣人不宽恕别人的错误，不赦免罪犯的刑罚，因此那些邪恶的事就无法发生。圣明的人治理国家，只是考虑统一奖赏、统一刑罚、统一教化而已。

明赏、明刑、明教，天下治

《赏刑》是可以看做是商鞅变法的核心思想。商鞅认为做到统一赏赐、统一刑罚、统一教化，能够把赏、罚、教三者做到极致，就能使天下大治。商鞅《赏刑》篇一个核心主题就是强调了法治目标的统一性。法治的目标只有一个：征战。为了达到征战这一目的，赏、罚、教三个方面都要紧紧地围绕这一目的来展开。在赏赐方面，为了激励民众从战，富贵爵禄等社会地位的获得，人们的获得感、满足感都要从征战出发，不能有其他的途径。赏赐的渠道是统一的，赏赐的标准也是统一的。这个标准就是战功，只有在战场上英勇杀敌才是获得功勋的唯一方式。赏赐的渠道统一了，那么不管什么身份的人，无论是聪明还是愚笨，勇敢还是怯懦，品行贤良还是品质劣，都会竭其所能投身作战的行列，以争取功勋和荣誉。在刑罚方面，统一刑罚就是废除贵族、卿大夫等阶层的特权，在法令面前人人平等，而且功罪不能相抵，有功论功，依法赏赐，有罪论罪，依法处罚。通过重刑及株连，形成刑罚的威慑力，从而为驱使人们向战提供坚强的保障和前提。严刑峻法，其根本目的是为了提高犯罪成本，使民众不敢犯法。一旦所有人都遵循了法令规定，那么无论多么重的刑罚，没有了被处罚的对象，也就不存在严刑峻法一说了。在教化方面，教化的目的也只有一个，就是把民众对于富贵的渴望这一思想引导到战争征伐方面，让人们意识到，只有去征战才能够踏进富贵之门。为了达到这一目标，商鞅反对儒家的教化，因为儒家的教化过于虚妄。通过把民众思想引导到征战主题上，商鞅主张通过各种方式，如利用民谣的传播强化征战观念。这种把教化内容日常化的理念和做法在今天也很有启发意义。

总之，这种法治目标的统一性为充分地调集社会资源从事征战，富国强兵奠定了制度基础。当然我们也应该看到，这种法治目标的统一性，同时也表现为法治目标的单一性。这种单一性在特殊时期对于历史的发展有突出的作用，但是在社会发展的多元化，目标的多元化需求背景下，这种法治目标的单一化无疑有着先天的缺陷。

《赏刑》篇最为突出的一个亮点是强调了法治的公平。法治的公平性首先体现在刑无等级。法治对所有人在法令面前都是平等的。无论是富贵豪门还是平民百姓在法治的背景下，执行的都是统一的法令，不因为社会地位的差异，不因富贵贫贱而在法治执行上区别对待。不仅仅是对待不同地位的人，就是不同的社会声誉的人，道德水平等不同的人，忠臣孝子，对这些人，法令的执行都要保持一致性，没有额外的赦免。法治执行标准的统一性是法治公平性的首要体现。

《赏刑》篇"善因天下之货，以赏天下之人"，用天下资源赏天下之人的思想，体现了商鞅法治思想的天下观。商鞅的这一思想是在其征战天下、统一天下的背景下的一种激励思想。赏赐不局限于已有的资源、土地、人口等，而是放眼天下，用更广阔的视野，在实现征战目的的条件下，扩大赏赐的范围和资源。这是一种大格局的激励理念，也是一个政治家、军事家的情怀。这里还蕴含着，天下是天下人的天下的思想，但是这种思想出现在公元前的历史场景中，这种的思想意义就是今天也让我们无法企及。

最后值得一提的是《赏刑》篇的统一教化思想，强调富贵是人终生的追求，因此作为社会教化就是要抓住这一个根本，对民众进行引导。商鞅强调富贵的途径除了征战别无他途，不能靠聪明辨惠，不能靠礼义廉耻的说教，不能靠朋党结社等。商鞅把富贵的追求看作是民众的基本追求不能说不深刻，但是把人生的追求完全看作是对富贵的追求，这样就把人生目标简单化。这一看法也充分体现了商鞅思想的功利性、世俗性特征。

明赏无赏，明刑无刑，明教无教。明赏、明刑、明教是赏、刑、教的最高层次，按照商鞅的逻辑最高级的治理就是不治理。这里我们嗅到了浓厚的道家气味，品出了道家的味道。明赏是怎样一种赏？明刑是怎样一种刑？明教是怎样一种教？明赏用商鞅的描述就是奖赏和利禄都不实行，可是民众却很有规矩。也就是说最高的奖赏在形式上和普通的奖赏不同，不用利禄的。但是这种高层次的奖赏状态下，民众却很有规矩，也就是说民众的状态已经达到了一种高度自觉遵守规矩的状态。在常态下，要使民众守规矩必须采取外力措施，但是在高层次的治理状态下，民众自觉遵循规矩，不用外力强制，不用外力引导，不用外力激励。明刑的最高境界是没有刑罚，因为刑罚的威力民众已经了然于心。严明教育的最高境界是没有教化，这种教化状态用商鞅的描述就是民众听到要打仗便庆贺，日常饮食起居，行走歌谣都是打仗的事情。也就是说最高境界的教化是这种教化已经渗透到了骨子里，浸染到民众的喜怒哀乐之中，贯彻到民众的日常生活之内。

时代在变迁，我们也追求一种无法之法的至高境界，法治理念成为现代社会公民的自觉遵循，法治成为公民日常生活的有机构成，像空气一样，和公民的生存一体。

画策第十八

　　昔者昊英①之世，以伐木杀兽，人民少而木兽多。黄帝之世，不
麛②不卵，官无供备③之民，死不得用椁④。事不同皆王者，时异也。
神农之世，男耕而食，妇织而衣，刑政不用而治，甲兵不起而王。神
农既没，以强胜弱，以众暴寡。故黄帝作为君臣上下之义⑤，父子兄
弟之礼，夫妇妃匹⑥之合。内行刀锯⑦，外用甲兵，故时变也。由此
观之，神农非高于黄帝也，然其名尊者，以适于时也。故以战去战，
虽战可也；以杀去杀，虽杀可也；以刑去刑，虽重刑可也。

　　昔之能制天下者，必先制其民者也；能胜强敌者，必先胜其民者
也。故胜民之本在制民，若冶于金，陶于土也。本不坚，则民如飞鸟
禽兽，其孰能制之？民本，法也。故善治者，塞⑧民以法，而名地
作⑨矣。名尊地广以至王者，何故？战胜者也。名卑地削以至于亡
者，何故？战罢⑩者也。不胜而王，不败而亡者，自古及今，未尝有
也。民勇者，战胜；民不勇者，战败。能壹民于战者，民勇；不能壹
民于战者，民不勇。圣王见王之致于兵也，故举国而责⑪之于兵。入
其国，观其治，民用者强。奚以知民之见用者也？民之见战也，如饿
狼之见肉，则民用矣。凡战者，民之所恶也。能使民乐战者，王。强
国之民，父遗⑫其子，兄遗其弟，妻遗其夫，皆曰："不得，无返。"
又曰："失法离令，若⑬死我死，乡治之。行间无所逃⑭，迁徙无所
入。"行间之治，连以五，辨之以章⑮，束之以令，拙⑯无所处，罢⑰
无所生。是以三军之众，从令如流，死而不旋踵⑱。

国之乱也，非其法乱也，非法不用也。国皆有法，而无使法必行之法。国皆有禁奸邪刑盗贼之法，而无使奸邪盗贼必得之法。为奸邪盗贼者死刑，而奸邪盗贼不止者，不必得也。必得，而尚有奸邪盗贼者，刑轻也。刑轻者，不得诛⑬也。必得者，刑者众也。故善治者，刑不善，而不赏善，故不刑而民善。不刑而民善，刑重也。刑重者，民不敢犯，故无刑也。而民莫敢为非，是一国皆善也。故不赏善而民善。赏善之不可也，犹赏不盗。故善治者，使跖⑭可信，而况伯夷⑮乎？不能治者，使伯夷可疑，而况跖乎？势不能为奸，虽跖可信也；势得为奸，虽伯夷可疑也。

国或重治，或重乱。明主在上，所举必贤，则法可在贤。法可在贤，则法在下，不肖不敢为非，是谓重治。不明主在上，所举必不肖。国无明法，不肖者敢为非，是谓重乱。兵或重强，或重弱。民固欲战，又不得不战，是谓重强。民固不欲战，又得无战，是谓重弱。

明主不滥⑯富贵其臣。所谓富者，非粟米珠玉也？所谓贵者，非爵位官职也？废法作私，爵禄之，富贵之，滥也。凡人主德行非出人也，知非出人也，勇力非过人也。然民虽有圣知，弗敢我谋；勇力，弗敢我杀；虽众，不敢胜其主；虽民至亿万之数，县重赏而民不敢争，行罚而民不敢怨者，法也。国乱者，民多私义；兵弱者，民多私勇。则削国之所以取爵禄者多涂。亡国之俗，贱爵轻禄。不作而食，不战而荣，无爵而尊，无禄而富，无官而长，此之谓奸民。所谓"治主无忠臣，慈父无孝子"，欲无善言，皆以法相司⑰也，命相正也。不能独为非，而莫与人为非。所谓富者，入多而出寡。衣服有制，饮食有节，则出寡矣。女事尽于内，男事尽于外，则入多矣。

所谓明者，无所不见，则群臣不敢为奸，百姓不敢为非。是以人主处匡床⑱之上，听丝竹之声⑲，而天下治。所谓明者，使众不得不为。所谓强者，天下胜。天下胜，是故合力。是以勇强不敢为暴，圣知不敢为诈，而虑用。兼天下之众，莫敢不为其所好，而避其所恶。所谓强者，使勇力不得不为己用。其志足，天下益之；不足，天下说⑩之。恃天下者，天下去之；自恃者，得天下。得天下者，先自得者也；能胜强敌者，先自胜者也。

圣人知必然之理，必为之时势。故为必治之政，战必勇之民，行必听之令。是以兵出而无敌，令行而天下服从。黄鹄⑩之飞，一举千里，有必飞之备也。蚕蚕巨丘⑱，日行千里，有必走之势也。虎豹熊罴㉒，鸷㉓而无敌，有必胜之理也。圣人见本然之政，知必然之理，故其制民也，如以高下制水，如以燥湿制火。故曰：仁者能仁于人，而不能使人仁；义者能爱于人，而不能使人爱。是以知仁义之不足以治天下也。圣人有必信之性，又有使天下不得不信之法。所谓义者，为人臣忠，为人子孝，少长有礼，男女有别。非其义也，饿不苟食，死不苟生。此乃有法之常也。圣王者，不贵义而贵法。法必明，令必行，则已矣。

注　释

①昊英：传说中的古代部落首领。
②麛（mí）：幼鹿，此处泛指幼兽。
③备：设备。
④椁（guǒ）：指套在棺材外面的大棺材。
⑤义：法则，规则，行为规范。
⑥妃匹（pǐ）：配偶。
⑦刀锯：《汉书·刑法志》记载的五刑之一。五刑分别是：大刑用兵，其次用斧钺，中刑用刀锯，其次用钻凿，薄刑用鞭扑。
⑧塞：遏制。
⑨作：兴。
⑩战罢（pí）：战败。

⑪责：求。

⑫遗（wèi）：送。

⑬若：汝，你的意思。意思是你固然当死，我也连坐而死。

⑭行间：行伍之间，军中。无所逃：不得逃离。

⑮章：标识。

⑯拙（jué）：此处"拙"借作"趉"，逃走。

⑰罢：义为不贤，不能任事。

⑱旋踵：把脚向后转，意谓逃跑。踵，脚跟。

⑲诛：责罚。

⑳跖（zhí）：即盗跖，相传为古时民众起义的领袖。名跖，"盗"是当时统治者对他的贬称。

㉑伯夷：商朝末年孤竹国君的儿子。周武王灭商以后，他和弟弟叔齐不吃周朝的粮食，一同饿死在首阳山（今山西永济南）。伯夷在古代就成为忠信的符号象征。

㉒滥：不加节制，过分。

㉓司：伺，监视。

㉔匡床：方床，安适之床。

㉕丝竹之声：传统民族弦乐器和竹制管乐器的统称，亦泛指音乐。丝，弦乐。竹，管乐。

㉖说：同"悦"。

㉗黄鹄（hú）：鸟名，形似鹤，或为天鹅。

㉘蚤（qióng）蚤巨丘：传说中的良马。

㉙罴（pí）：熊的一种，即棕熊，又叫马熊，毛棕褐色，能爬树，会游泳。

㉚鸷（zhì）：凶猛的鸟，如鹰、雕、枭等。

译　文

过去的昊英氏时代，允许民众伐木、捕杀野兽，那是因为当时民众少而树木、野兽多。黄帝之时，不允许捕杀幼小的野兽，不允许吃鸟蛋，官吏没有供自己使唤的奴仆，死了不能用棺材埋葬。昊英、黄帝做事不一样，却都称王于天下，这是因为时代不同。神农之时，男人耕种使人们有饭吃，女人织布让天下人有衣裳穿，不使用刑法和政令而天下安定，不动用军队就能称王天下。神农死后，人们以强凌弱，以多欺少。因此黄帝制定了君臣和上下级之间的行为规范，父子、兄弟间遵循礼仪，夫妻之间有婚配原则。对内用刑罚，对外用军队，同样是因为时代变了。由此看来，神农并非比黄帝高明，可是他的声名更为尊贵，这是因为他顺应了时代的变化。因此用战争消灭战争，即使发动战争也是可行的；用杀戮消除杀戮，即使杀了人也是可行的；用刑罚消灭刑罚，即使加重刑罚也是可行的。

　　过去能制服天下的人，一定是首先制服他的民众的人；能够战胜强敌的人，一定是首先战胜其民众的人。因此战胜民众的根本在于制服民众，就像冶炼工对金属，制陶工对泥土一样拿得住。根本不坚固，那么民众就像飞鸟和野兽，有谁能控制了他们呢？治理民众的根本，是法治。因此善于治理国家的人，就是将民众纳入法的轨道，这样的君主名声和土地就都具备了。君主名声尊贵、土地广阔，最后称王天下，是什么缘故呢？是能打胜仗的原因。君主的名望低微、土地面积少，最后灭亡，又是什么原因呢？是因为总打败仗。打仗不得胜而称王天下，打仗失败而不灭亡的国家，自古至今，未曾有。民众作战勇敢，打仗就会获胜；民众作战不勇敢，就会失败。能让民众专心作战的君主，民众就勇敢；不能使民众专心作战的君主，民众就不勇敢。圣明的君主认识到致力于战能称王天下，所以举国之力于兵事。进入一个国家，观察这个国家的治理情况，民众力量被调动起来国家就强大。凭什么知道民众被调动起来了呢？那就是民众看待打仗，就像饿狼见了肉一样，那么民众就被调动了起来。一般而言，民众讨厌战争。能让民众乐于去打仗的君主，就能称王天下。强国的民众，父亲送儿子去当兵，哥哥送弟弟去当兵，妻子送丈夫去当兵，都说"不获胜，就不要回来。"又说："不遵守法律，违抗了命令，你死，我也得死。乡里会治我们的罪。军队中没有地方逃，要搬迁也没有地方可接收。"军队的治理办法，是将五个人编成一伍，用标记来区分他们，用法令来束缚他们，逃走了也没有地方居住，失败了没有活路。所以三军将士服从军令，就像流水一样自然，就是战死也不向后退。

国家混乱，不是因为它的法度混乱，也不是因为法度废弃不用。国家都有法律，但却没有让法律一定实行的办法；国家都有禁止邪恶、处置盗贼的法令，但却没有使邪恶、盗贼一定受到处罚的办法。做邪恶之事、偷盗之事的人要处死刑，可是犯奸、偷盗的现象却不断发生，这是由于做了坏事不一定被处罚。就是必定被处罚，却仍有邪恶、偷盗者，是因为刑罚轻的缘故。刑罚轻，不能惩治必定要惩治之人；必受惩处的人受到了惩处，受刑罚的人就多了。所以善于治理国家的人，只处罚不守法的人，而不奖赏守法的人，因此这样的国家不用刑罚民众为善。不用刑罚民众为善，是因为刑罚重。刑重，民众不敢触犯刑法，因此也就没有刑罚。民众不敢做坏事，一国之人皆为善；因此不奖赏守法的人而民皆为善。不可以奖赏为善之人，就像不能奖赏盗贼一样。因此善于治理国家的人，能使像盗跖那样的人变得诚实可信，更何况像伯夷这样的人？不善治理国家的人，即使是像伯夷一样高洁之士也有犯法的可能，更何况盗跖了？假如环境使人不能做坏事，即使是盗跖之类也可以信赖；假如环境能让人做坏事，即使是伯夷之类也有嫌疑，不可信。

国家或者是治理得更好，或是治理得更乱。英明的君主在上位，他所用的人一定贤能，那么法令便掌握在贤德的人手中。法令掌握在贤德的人手中，那么法度就能在下面实行，不贤之人就不敢做坏事，这就叫治上加治。不英明的君主处在上位，他所选用的一定都是不贤之人。国家没有严明的法令，不贤之人就敢做坏事，这就叫乱上加乱。军队或者是强上加强，或者是弱上加弱。民众本来想要打仗，又不能不去打仗，这就叫强上加强，民众本不想打仗，又不能去打仗，这就叫弱上加弱。

英明的国君不会对臣子们滥施富贵。人们所说的富，不是粮食珠玉吗？人们所说的贵，不是爵位官职吗？废弃法律，以个人意志为主，给臣子爵位和俸禄，使臣子们富贵，就是滥施富贵。一般说来君主的品德行为不高于别人，智慧也不超出别人，勇敢、力量也不超出别人。可是民众即使有足够的智慧，也不敢谋求君主的地位；即使有勇敢和力量，也不敢弑杀君主；即使人数多，也不敢凌驾在君主之上；即使民众的人数达到亿万，悬重赏民众不敢争抢，实行刑罚民众也不敢怨恨，这是因为有法度。国家混乱的原因，是民众多考虑个人利益；军队力量弱的原因，是民众多追求私下的斗勇。那么在实力削弱的国家获取爵位、俸禄的途径就有许多。是国家灭亡的风气，是民众看不起爵位，轻视俸禄。不劳动而有饭吃，不打仗而有荣誉，没有爵位依然尊贵，没有俸禄照样富有，没有官职照样威风，这就叫做奸民。所说的"善于治国的君主身边不会有忠臣，慈爱的父亲身边不会有孝子"，君主和父亲都不用好言相劝，而用法律使他们互相监督，用命令让他们互相纠正。这样的话，臣民们就不能单独做坏事，也不能伙同别人一起做坏事。常人所说的富有，是进的多出的少。穿衣有限制，饮食有节制，那么支出的就少，妇女在家中尽力做事，男人在外面尽力做事，那么收入就多。

所说的国君的圣明，是指君主没有什么地方看不到，那么大臣就不敢做奸邪之事，民众就不敢为非作歹。所以君主坐在安适的床上，听着丝竹之声，天下就治理好了。所说的国君的圣明，它能使民众不能不去做事。所说的国君的强有力，是天下人都被他制服了。天下人都被他制服，才能聚合天下人的力量。所以强悍的人不敢暴乱，聪慧的人不敢做欺诈的事，并考虑如何被君主选用。全天下的人，没有谁

敢不做君主所喜欢的事，回避君主所讨厌的事。所说君主的强大，是
指他能使有勇力的人不得不为自己所用。国君的理想能实现，天下的
人都受益；他的理想不能实现，天下的人也都欢喜。依靠天下的人，
天下的人总归会抛弃他；依靠自己，才能得到天下。得到天下的君
主，首先是要得到自己；能战胜强大的敌人，首先能战胜自己。

圣明的人懂得社会发展的道理，一定要顺应时代发展的形势。因
此制定一定能把国家治理好的政策，用坚定勇敢的民众打仗，下达的
命令民众定能听从。所以军队出发打仗便会无敌于天下，君主的命令
发布，天下便会服从。黄鹄起飞，一飞便是上千里，这是因为它具备
能飞行千里的翅膀。蛩蛩巨丘这样的良马，能日行千里，是因为它们
具备能奔跑千里的本领。虎、豹、熊及棕熊，凶猛而无敌于天下，是
因为它们有一定能战胜其他野兽的能力。圣人能发现治理社会的有效
制度，明白社会发展的必然规律，所以它能统治民众，就像利用地势
的高低控制水流一样，又像利用干湿来控制火势一样。因此说：仁慈
之人能够对人仁慈，而不能使人仁慈；有道义的人能够爱别人，而不
能使别人有爱心。所以明白仅靠仁义不能治理好天下。圣人有一定让
天下人信任的品德，又具有让天下人不能不信任的办法。通常所说的
"义"，是说作为臣子要有忠心，做儿子要有孝心，长幼之间有礼节，
男女有别。如果不合乎道义，就是饥饿也不能苟且吃饭，就是死也不
能苟且偷生。这些不过是有法律治理的正常现象。圣明的帝王，不重
视道义而重视法律。法律必定要明确，君主的命令一定要贯彻执行，
那就可以了。

以法制民，法必行，令必从

"法必行，令必从"是制民、胜民之本。《画策》一个重要的思想

就是以法制民。《画策》提出制民就是胜民。如何胜民？《画策》提出了十分有意思的思想："民之本在法"，因此主张"塞民于法"，以法制民。

"法必行，令必从"强调法的实施的必然性、法的遵循的必然性，排除偶然性、侥幸性。这里的必然性是指对于奸邪、盗贼，法律要使这些人认识到，实施奸邪行为，实施盗窃，违背法令规矩就必然会受到惩罚，没有什么侥幸和例外。

当然我们看到《画策》所说的法，是使民投身战争之法，连坐之法。但是我们应该看到把治理民众有效的方式归结为法，这点是难能可贵的。法的内容随着时代的变化而变化，但是以法来制民，而不是因人情治民，这是法家的特长，也是现代社会应该遵循的规则。这里，我们还应当看到商鞅在这里强调的是制民，是依靠刚性的制度、刚性的法令使民众不得不按照法制的要求做事情。

重刑是制民、胜民的必然要求。即便是强调法必行，令必从，也难以避免有人存有侥幸心理，还是会有人会铤而走险，走向犯罪。因此，严法、重法就成为必然。刑罚要重，民众才不敢再犯，只有重刑才能达到无刑。会治理国家的人能够使盗跖那样的人变得诚实可信，靠的就是重刑。

《画策》又进一步提出，善于治理国家的人，不赏赐那些守法之人，对犯罪的人要施以重刑，用严法来要求人，从而达到人的诚信守法的效果。《画策》强调不奖赏守法之人，以形成良好的法治氛围。惩罚应该受到惩罚的人，刑罚重，一是使得奸邪盗贼必定受到应有的惩罚，二是事实上使为善之人增多，从而形成国家大治的局面。

以法度来治理国家是制民、胜民的内在逻辑。按照法度来治理国家是君主的本领。黄鹄一飞千里，良马有日行千里，虎豹熊罴无敌天下，那是它们的本领、能力，法度是君主的法宝，是君主治国的本领。基于此，商鞅反对按照君主个人的意志治理国家。法度是第一位的，君主个人的品德、能力以及智慧等是第二位的。商鞅反对君主以个人意志、个人喜好治理国家，主张按照法度来治理国家，这样才能够达到大治。按照法度治理国家，民众中富贵、爵位的获得都是因遵循法度，因此就会避免不劳而获、无功而爵、耀武扬威的不正常现象的发生。商鞅认为，遵循法度治理国家，人皆能为君主所用。君主的能力、智慧不一定有多强，但是天下之人却能为君主所用，这都是因为君主按照法度治理国家的缘故。国君要超越个人的喜好、个人的情感、个人的气力，依靠规矩来治理国家。"得天下者，先自得者也；能胜强敌者，先自胜也。"就是说君主要得天下首先要超越自我、战胜自我，依靠法律制度来达到治理国家的理想境界，这样天下就会大治，就会实现无为之治：君主坐在安适的床上，听着美妙的音乐，天下就治理好了。

按照制度治理国家，反对仁义治国。君主按照仁义治理国家只能保证君主自身仁慈待人，保证君主自身的道义、有品德，但是不能保证让天下人仁慈，让天下人遵循道义。而治理国家一定要有使天下人仁慈、有爱心，让天下人不能不信任的方法，这个方法就是法，就是法的制度。仁义治国模式依靠的是治理主体自身的能力和品德，法制制度治理模式依靠的是制度，二者的基础不同。仁义治国侧重发挥君主主体自身的作用，法治制度治理模式注重的是治理对象的作用的发挥。从治理的效果看，法制制度治理使三军从令如流，死不旋踵；使奸邪之徒不得、不能胡作非为；使民众不得不为。

由此，我们可以看出，商鞅所讲的法制制度治理并不是否定君主的品格、君主的仁慈和道义，他反对的是把君主个人的品德和智慧作为治理的依据和必要手段、方法。商鞅的法制制度治理强调民众对法的制度的严格遵从，强调民的不得不从，从而最终取得聚天下之力，称王天下的效果。

境内第十九

四境之内，丈夫女子皆有名于上，生者著，死者削。

其有爵者乞无爵者以为庶子[1]，级乞一人。其无役事[2]也，其庶子役其大夫月六日。其役事也，随而养[3]之军。

爵自一级已下至小夫，命曰校徒、操，公士。爵自二级已上至不更，命曰卒[4]。其战也，五人束薄[5]为伍，一人兆[6]而到其四人，能人得一首则复[7]。五人一屯长，百人一将。其战，百将、屯长不得首，斩；得三十三首以上，盈论[8]，百将、屯长赐爵一级。五百主[9]，短兵[10]五十人。二五百主，将之主，短兵百。千石之令[11]短兵百人，八百之令短兵八十人，七百之令短兵七十人，六百之令短兵六十人。国尉[12]，短兵千人。将，短兵四千人。战及死事[13]，而到短兵。能一首则复。

能攻城围邑斩首八千已上，则盈论；野战斩首二千，则盈论。吏自操及校以上大将尽赏。行间之吏也，故爵公士也，就为上造[14]也；故爵上造，就为簪袅[15]；故爵簪袅，就为不更[16]；故爵不更，就为大夫。爵吏而为县尉[17]，则赐虏[18]六，加五千六百[19]。爵大夫[20]而为国尉，就为官大夫；故爵官大夫，就为公大夫；故爵公大夫，就为公乘；故爵公乘，就为五大夫，则税邑[21]三百家。故爵五大夫，就为大庶长；故大庶长，就为左更；故三更也，就为大良造。皆有赐邑三百家，有赐税三百家。爵五大夫，有税邑六百家者，受客[22]。大将、御、参皆赐爵三级。故客卿相，盈论，就正卿[23]。

以战故，暴首㉒三日，乃校㉓三日，将军以不疑㉔致士大夫劳爵。夫劳爵，其县过三日有不致士大夫劳爵，罢其县四尉，訾㉕由丞尉。

能得甲首㉖一者，赏爵一级，益㉗田一顷，益宅九亩，除㉘庶子一人，乃得入兵官之吏。

其狱法，高爵訾下爵级。高爵罢，无给有爵人隶仆。爵自二级以上，有刑罪则贬㉙。爵自一级以下，有刑罪则已㉚；小夫死。

公士以上至大夫，其官级一等，其墓树㉛级一树。

其攻城围邑也，国司空㉜訾其城之广厚之数。国尉分地，以校、徒分积尺㉝而攻之，为期，曰："先已者当为最启，后已者訾为最殿。再訾则废。"穴通则积薪㉞，积薪则燔㉟柱。陷队之士㊱，面十八人。陷队之士，知疾斗㊲，不得，斩首。队五人，则陷队之士，人赐爵一级。死，则一人后㊳。不能死㊴之，千人环㊵规。黥㊶劓于城下。国尉分地，以中卒㊷随之。将军为木台，与国正监、与王御史参㊸望之。其先人者举为最启，其后人者举为最殿。其陷队也，尽其几者。几者㊹不足，乃以欲级益之。

注　释

①乞：乞求，讨要。庶子：在嫡庶婚姻制度下，嫡妻生的孩子为嫡子，庶妻生的孩子为庶子，庶子的社会地位较低。

②役事：军事，指随军服役。

③养：随养，训练。

④此处一句中，小夫、校徒、操、公士、不更等都是爵名。

⑤束薄：编为一个名册。

⑥兆：通"逃"，逃跑。

⑦首：敌人的首级。复：恢复，免除先前的处罚。

⑧盈论：满足规定的数量。

⑨主：指挥官。

⑩短兵：持刀剑之兵，与持弓箭之兵相对而言。

⑪千石之令：俸禄为一千石粮食的长官。令，行政长官。

⑫国尉：即国尉，掌管军权。

⑬及死事：及，至。死事，死于战斗。

⑭上造：二等爵位名。

⑮簪袅：三等爵位名。

⑯不更：四等爵位名。

⑰县尉：官名，掌一县之军权。

⑱虏：奴隶。

⑲加五千六百：即增加俸禄五千六百。

⑳大夫：五等爵位名。

㉑税邑：食邑。卿大夫的封地，收取其税租。

㉒受客：接受门客。

㉓正卿：官名。春秋时诸候国的最高执政大臣，权力仅次于国君。

㉔暴（pù）首：陈列斩获的敌人首级。

㉕校（jiào）：校验。

㉖不疑：没有疑问。

㉗訾（zǐ）：估量，评判。

㉘甲首：甲士之首。也指军队中的伍长，为小军官。

㉙益：增加。

㉚除：给予。

㉛贬：降级。

㉜已：停止，此指取消。

㉝墓树：春秋战国的墓葬文化，在墓旁植树，级别越高种的树越多。

㉞司空：官名，掌水利、营建之事，金文皆作司工。

㉟积尺：立方尺，指面积或体积的数量。

㊱积薪：堆积柴草。

㊲燔（fán）：焚烧。

㊳陷队之士：队，古同"坠"。陷队之士，相当于今所言敢死队。

㊴疾斗：速战速决。

㊵一人后：言家族中可以有一人承其爵位。

㊶死：拼死力战。

㊷环：包围，围绕。

㊸黥：在脸上刺字的酷刑。
㊹中卒：中军之卒。
㊺参：一同。
㊻几者：合格之人。几，通"冀"，希冀。陷队之士是最为勇猛者，如不足，以有欲求的合格之人填补。

译　文

国境之内，男女都在官府登记名字，填写上刚出生的人，注销死去的人。

有爵位的人乞要无爵位的人做他的"庶子"，每一级可以要一个。没有战事的时候，庶子每月为他的大夫服役六天。有战事的时候，庶子便随着主人到军中随养、训练。

爵位从一级以下到小夫，叫做校、徒、操，爵位是公士。从二级开始到不更，叫做"卒"。打起仗来，五人编为一册，为一伍，一人逃跑就惩罚另外四个人，如果谁能斩得敌人一颗首级就可免除刑罚。每五人设一屯长，一百人设一将。作战时，将、屯长如果得不到敌人首级，就斩杀；如果得到敌人首级三十三颗以上，就算达到了规定的数目，将、屯长可以升爵一级。五百人的将领，有短兵五十人。统率两个五百的将，是将中的统领，有短兵一百人；享一千石俸禄的县令，有短兵一百人；享八百石俸禄的县令，有短兵八十人；享七百石俸禄的县令，有短兵七十人；享六百石俸禄的县令，有短兵六十人。国尉，有短兵一千人。大将，有短兵四千人。如果将官战死，短兵要受刑罚。如果其中有人能够得到敌人的一颗首级，就可免除刑罚。

能在围攻敌国的城邑时，斩获敌人首级八千颗以上的，就满足了规定的数目；在野战中斩获敌人首级两千颗以上的，就满足了规定的数目。将吏从操、校到大将都可得到赏赐。军队中的官吏，旧爵是公士的，升为上造；旧爵是上造的，升为簪袅；旧爵是簪袅的，升为不更；旧爵是不更的，升为大夫。旧爵为小吏升为县尉的，赏赐六个奴隶，另加五千六百俸禄。旧爵为大夫，担任国尉的，升为官大夫；旧爵为官大夫的，升为公大夫；旧爵为公大夫的，升为公乘；旧爵为公乘的，升为五大夫，并赏给他三百户的食邑。旧爵是五大夫，升为大庶长；旧爵为大庶长，升为左更；旧爵为三更的，升为大良造。大庶长、三更及大良造都赏赐三百户的封邑，另赏赐三百户的租税。爵位为五大夫，有了六百户的租税和食邑，就可以豢养门客。将军、车夫、骖乘都赏赐爵位三级。原来是客卿身份为相的，满足了朝廷的规定，就升为正卿。

停战之后，把所获敌人首级示众三天，核实三天，将军认为没有疑问，就按功论赏爵位。赏赐的爵位，县里过了三天还没有落实赏给将士和大夫的爵位，就撤去该县尉的职位，评判的权利在该县的丞尉。

能够斩获敌人甲士首级一颗的，赐给爵位一级，增加田地一顷，增加宅地九亩，赐给庶子一人，还可以担任军队或朝廷的官员。

其刑法规定，由爵位高的人审核比他爵位低一级的人。爵位高的人被罢免后，不再给他有爵位的人所享用的奴仆。二级爵位以上的人，犯了罪就降低他的爵位。一级爵位以下的人犯罪，就取消他的爵位；小夫犯罪则处死。

公士以上直到大夫，死后爵位每高一级，坟旁种的树就多一棵。

在围攻敌国城邑的时候，司空测量那个城墙的面积和厚度。国尉划分攻打的地点，校徒分别限定以体积掘进，定出期限，并命令"最先完成的立头功，最后完成的斥为末等。两次被斥为末等就撤了他的爵位。"打穿了洞穴就堆上柴草，烧起木头。敢死队的士兵，城墙的每一个方向分布十八个。敢死队的士兵，都知道拼死力而战，不成功，就要被斩首。一个队如能抓获五个敌人，那么这个队的每个士兵，就获得爵位一级。如果战死，他的族人可以有一人承其爵位。如果怕死退避，就在千人围观之下，在城下遭受黥刑或劓刑。国尉划分地段，中军的士兵听从分派。将军搭起木台，和国家的正监、王的御史一同观望。士兵先进城的评为头功，后进城的评为落后。尽量用敢死队的士兵，人数不足，则用差不多合格的人，如果还是不足，就用希望晋级的人补足。

以军功论爵禄

《境内》篇是秦军功爵位制度的重要文献。以军功授予爵位，以爵位赏赐，激励民众从事农耕和打仗，是《商君书》的一个基本思想。《境内》篇的主题就是强调，在战争中如何根据斩获敌人首级的多寡给予不同的爵位级别奖励，以鼓舞士气，增强军队的战斗力。秦国实施的军功爵位制度和自商周开始的以血缘为基础的世袭爵位制相比较是社会进步的表现。血缘基础的爵位授予和继承制度强调血缘身份的重要性，强调的是与生俱来的血缘的先天的优越性。这是传统的宗法制度，以宗族血缘作为社会发展的基础的制度反映在爵位制度。宗法血缘制度自商周的流行形成了以宗族为核心的权力统治结构，成为先秦政治制度的核心内容。春秋以来，随着社会生产力的发展，诸侯国经济权力的增强，军事实力增强，传统的宗法血缘制遇到了新的挑战。以商鞅为代表的早期法家提倡军功爵位制，意图在宗法血缘制占统治地位的社会打开一个新的通道，为社会的发展注入新的活力，增强社会发展的生命力。军功爵制的实施是春秋时期礼乐制度崩溃的一种体现，是成长中的以地缘实力为基础的新生社会力量对抗传统的以血缘分封为基础的制度的体现，赋予底层民众求取爵禄的可能性。

《境内》篇让我们进一步认识了秦国的军功爵位制度。秦国军功爵位是二十级爵位制：一公士，二上造，三簪裊，四不更，五大夫，六官大夫，七公大夫，八公乘，九五大夫，十左庶长，十一右庶长，十二左更，十三中更，十四右更，十五少上造，十六大良造（大上造），十七驷车庶长，十八大庶长，十九关内侯，二十彻侯。秦国的军功爵位制是第一个将爵位的评定建立在军功功绩基础上。这种制度突出了勇猛杀敌，建功立业的重要性。这种片面重视武力作用在战争年代，对于激励军士无疑有积极意义，虽然这种积极意义是伴随着血腥的武力张扬。随着社会的发展，战争的形态也在发生着变化，这种衡量以斩获敌首级的功绩激励法因其非人道性只能留在历史的长河之中。剥除军功爵制中的非人道因素，这种军功爵制所崇尚的尚武精神，奋勇拼搏精神在今天仍然有一定的价值。

从《境内》篇中我们也可以看出，军功爵制度中的连坐制度的内容。连坐制度不仅仅是商鞅变法时期社会组织和管理的一项制度，连坐制度也体现在军功爵制度之中。同伍之中，一人犯了死事，其余四个人就要受到连累等就是其重要体现。这种连坐内容不仅仅是互相监督，而且是大家互为一个共同体，一定意义上构成了一个小的命运共同体。这种共同体把大家的生死、荣辱联系在一起，对于增强军队的战斗力无疑有积极的意义。当然我们也不排除这种由于互相牵扯带来的消极意义。但是整体而言积极意义还是比较突出的。这也是秦国的军队克敌制胜的法宝之一。

以实力为实质的军功爵制度是秦国社会的基本制度。《境内》篇中我们还可以看出军功爵位制度对于军爵和官位的打通。《境内》篇中除了许多爵位外还有国尉、司空等官位。把军爵和官位连接起来的是军功。军功制度已经溢出军事领域，它已经成为统领军事、组织政治的重要制度。

军功爵位制为秦国从诸侯国中脱颖而出奠定了制度和文化基础，从这个意义上说，军功爵位制也成为秦统一全国的制度和文化基础。

弱民第二十

民弱国强；国强民弱。故有道之国务在弱民。民朴则弱，淫则强。弱则轨[①]，强则越志[②]。轨则有用，越志则乱。故曰：以强去强者，弱；以弱去强者，强。

民，善之则亲，利之用则和；用则有任，和则匦；有任，乃富于政。上舍法，任民之所善，故奸多。民贫则力富，力富则淫，淫则有虱。故民富而不用，则使民以食出官爵，官爵必以其力，则农不偷。农不偷，六虱无萌。故国富而贫治，重强。

兵易弱难强，民乐生安佚。死难，难正[③]。易之则强。事有羞[④]，多奸；寡赏[⑤]，无失。多奸疑[⑥]，敌失，必利。兵至强，威；事无羞，利。用兵久处利势，必王。故兵行敌之所不敢行，强；事兴敌之所羞为，利。法有，民安其次[⑦]；主变，事能得齐[⑧]。国守安，主操权，利。故主贵多变，国贵少变。

利出一孔，则国多物；出十孔，则国少物。守一者治，守十者乱。治则强，乱则弱。强则物来，弱则物去。故国致物者强，去物者弱。

民，辱[⑨]则贵爵，弱则尊官，贫则重赏。以刑治民，则乐用；以赏战民，则轻死。故战事[⑩]兵用曰强。民有私荣，则贱列[⑪]卑官；富则轻赏。治民羞辱以刑，战则战。民畏死，事乱而战，故兵农怠而国弱。

农、商、官三者，国之常官也。农辟地，商致物，官治民。三官生虱六，曰"岁"，曰"食"；曰"美"，曰"好"；曰"志"，曰"行"。六者有朴⑫，必削。农有余食，则薄燕于岁⑬。商有淫利，有美好，伤器。官设而不用，志、行为卒⑭。六虱成俗，兵必大败。

法枉治乱；任善言多。治众国乱；言多兵弱。法明治省；任力言息。治省国治；言息兵强。故治大，国小；治小，国大。

政作民之所恶，民弱；政作民之所乐，民强。民弱国强；民强国弱。故民之所乐民强，民强而强之，兵重弱。民之所乐民强，民强而弱之，兵重强。故以强重弱，削；以弱重强，王。以强攻强弱，强存；以弱攻弱强，强去。强存则弱；强去则王。故以强政弱，削；以弱政强，王也。

明主之使其臣也，用必加于功，赏必尽其劳。人主使其民信此如日月，则无敌矣。今离娄见秋豪之末，不能以明目易人；乌获举千钧之重，不能以多力易人；圣贤在体性也，不能以相易也。今当世之用事者，若欲为上圣，举法之谓也。背法而治，此任重道远而无马、牛，济大川而无舡⑮楫也。今夫人众兵强，此帝王之大资也，苟非明法以守之也，与危亡为邻。故明主察法，境内之民无辟淫之心，游处之士迫与战陈，万民疾于耕战。有以知其然也。楚国之民齐疾⑯而均，速若飘风⑰。宛⑱钜铁铇，利若蜂虿⑲；胁鲛犀兕，坚若金石。江、汉以为池⑳，汝、颍㉑以为限，隐以邓林㉒，缘以方城㉓。秦师至，鄢、郢㉔举，若振槁㉕。唐蔑㉖死于垂涉，庄𫏋㉗发于内，楚分为五㉘。地非不大也，民非不众也，甲兵财用非不多也；战不胜，守不固，此无法之所生也，释权衡而操轻重者。

注　释

①轨：依循，遵循，此指守法。

②越志：放纵任性。

③正：期望。这句话的意思是说，让人民拼死赴国难，是难以期望做到的。

④事有羞：意为羞于为战。

⑤寡赏：赏于农战而非其他。

⑥疑：止息，停止。

⑦次：舍。安其次，即安居。

⑧齐：通"济"，成功。

⑨辱：指民地位卑微。

⑩事：务，从事。

⑪列：位次。

⑫朴：根。

⑬薄：发语词，无意。燕：安，安逸。

⑭卒：差役，走卒，大众。

⑮舡（xiāng）：船。

⑯齐疾：行动敏捷。

⑰飘风：旋风。

⑱宛：楚国地名，在今河南南阳，以产铁著称。

⑲蜂虿（chài）：指蜂尾的刺。

⑳池：护城河。

㉑汝、颍：汝水和颍水。

㉒邓林：古地名，战国时在楚国北境。

㉓方城：春秋时楚国北部的长城。

㉔鄢、郢：古地名，今湖北江陵北。春秋楚文王定都于郢，惠王之初曾迁都于鄢，仍号郢。

㉕振：抖落。槁：枯叶。

㉖唐蔑：战国时楚国将领。

㉗庄蹻：战国时楚国农民起义领袖，与跖齐名。

㉘楚分为五：在垂沙之役后，庄蹻率领军队叛变引发人民起事，把楚国分割成了几块。

译　文

民弱，国强；民强，国弱。因此，治理得法的国家致力于使民弱。民质朴则弱，民放纵则强。弱则守法，强则任意作为。民守法就会听从命令，任意而行则不受控制。所以说：采取强民政策以摒除强民的国家，力量弱；采用弱民政策以摒除强民的国家，力量强。

国家用"善"治理，民则以贵亲，做事都会比较重视亲善，在现实中则以和为贵。民重和则会掩盖过失，隐匿罪恶。国家政事表面上看起来一片繁荣实际潜在危机。如果国君抛弃法度，放任人民为所欲为，那奸邪就多了。民贫就会求富，致力求富就容易过分放纵，就会产生虱害。因而民富裕了而没有战争，那就让民众以粮谷换取爵位，爵位的取得必须凭借民众的实力。民就不会怠惰。农民不怠惰，六种虱害就不会产生。所以国家富强，民得以治，强上加强。

国家兵力衰弱容易，强大困难。民众爱惜生命，贪图安逸。拼死赴国难，难。若让民众觉得拼死赴国难是容易的事，就会强大。民众羞战，奸邪就会增加；国家赏赐出于一途，就会少差错。奸邪止息，敌人有过，一定于我有利。兵强，就会产生声威；不以战事为羞耻，利于国。长时间处于有利之势，必称王。所以用兵做敌人所不敢做的，兵力就强大；做敌人认为可耻的事，于国有利。有法可依，民就会各安其位；君主善于变通管理，事情就容易成功。国家稳定，才有安全。君主操持权柄，就有利于国家。因此，君主多变有利，国家少变有利。

利禄出于一个渠道，国家就会富饶；出于十个渠道，国家的物资就少。用一个渠道的国家，治理严整；用十个渠道的国家，治理混乱。国家治理严明就强大，治理混乱就弱小。国强资源就会集聚，国弱资源就会流散。所以国家能使资源集聚的就强，使资源流散的就弱。

民众位卑就会以爵为贵，怯弱就会以官为尊，贫穷就看重赏赐。用刑罚统治民众，民众就乐为所用；用赏赐来作为战争的激励手段，民众就会轻视死亡。因此兵用于战则强。民众有自以为荣的标准，就会轻视官位；民富则轻赏赐。治理民众以刑罚使其知荣辱，战争时民众才会临危不惧。治理混乱，战时，士兵与农民怠惰，国家力量就弱。

农民、商人、官吏这三种人，是国家稳定的职业。农民开垦土地，商人贩卖货物，官吏治理民众。这三种职业会衍生出六种虫害：叫"岁""食""美""好""志""行"。这六种虫害生了根，国家必定削弱。农民有了剩余的粮食，于是成年安逸享乐。商人获取了丰厚的利润，推崇华丽好玩的物品，于是对于用品产生了不良的影响。官吏虽然设置了而不肯为国家出力，儒家的异志高行就会成风。六种虫害形成风气，打起仗来必定大败。

枉法，治理就会乱；以贤良为治，各种言论就会满天飞。以众多方法为治，国就会乱；各种言论满天飞，兵力就弱。法度严明，治理就省简；以力治国，各种言论就会宁息。治理省力，国力就强。言论统一，军事力量就会增强。因此，治理面对的内容越多，国力就会越弱；反之，治理面对的内容越少，国力就会越强。

政策建立在民众讨厌的基础上的，民弱；政策建立在民众喜欢基础上的，民强。民弱，国强；民强，则国弱。民喜欢的是民强，民强而政又使他们更强，结果兵力就弱了。民所喜欢的是民强，民强而政使其弱，结果兵力就强了。所以实行强民的政策以致兵力弱上加弱，国力就削弱；实行弱民的政策以致兵力强上加强，就能成就王业。用强民的政策治理强民和弱民，强民仍然存在；用弱民的政策治理弱民和强民，强民就会消灭。强民存在，国家就弱；强民消灭，就能成就王业。可见用强民政策统治弱民，国家就会削弱；用弱民政策统治强民，就能成就王业。

明君任用臣下，必须要因功用才，因劳尽赏。国君使臣民相信这一点就像相信天上的日月一样，那样就无敌于天下了。离娄能看到秋毫之末，而不能将他的明目借给旁人；乌获能举起千钧之重，却不能把他的神力给予旁人；圣贤的才能是其自身的禀性，不能给予旁人。当今之世想要成大事者，如果想成为圣人，就要实行法治。舍弃法度治理国家，好比任重道远而没有牛马，想过大江大河却没有舟船。人多兵强，是成就帝王之业的绝好资本，但如不严明法令去巩固它，就接近危亡了。所以明君善于修明法度，使国内的民众没有淫邪之心，游民处士都参加战斗，民众都勤于耕战。国君要明白其中的道理啊。楚国的民众，行动迅速整齐统一，快如旋风。手持宛地的长矛，如蜂蝎的刺一样锋利；身披鲛鱼、犀牛皮制的铠甲，像金石一样坚硬。以长江、汉水作护城河，有汝水、颍水作险阻，有邓林作屏障，有方城作要塞。可是秦兵到来，攻下鄢、郢城池如同秋风扫落叶；楚国大将唐蔑在垂涉战死，庄蹻在国内起义，楚国一分为五。楚国土地不是不广阔，民众不是不多，兵甲财物不是不足；却战不能胜，防守而不能固，这就是不修明法度导致的恶果，舍弃法度治理国家，如同舍弃权衡而去量轻重一样。

弱民强国，不以善治，须以法治

《弱民》篇是商鞅思想中最受诟病的一篇。在法家文化的传播过程中，有人认为商鞅主张弱民是让民众贫困，让民众一直贫困下去，国家就容易控制民众。通览全篇，我们能够更加具体地了解商鞅弱民的真正内涵，从而了解商鞅的国家治理了的基本思路，弱民不是贫民、愚民，而是为了富国强兵。

在国家治理方面，商鞅反对以善治理国家，主张以法治理，以刑、力治理国家。以善治理国家是建立在血缘亲情基础上的治理，这种治理表面上欣欣繁荣，但却存在着潜在的危险，这种潜在的危险就是民众之间因为亲情互相掩盖问题。商鞅认为，如果民亲善、和乐、贵亲，做事都会比较重视亲善，在现实中则以和为贵，这样就会掩盖过失，隐匿罪恶。也就是说，一味地求善，以和为贵，就是为和而和，丧失原则，看不到差异，没有了准则，破坏了法度。他主张，法度应该是治理的基本遵循，如果大家一团和气，亲善仁爱而没有原则，没有法度，那么就会在一片繁荣中危机丛生。商鞅从治理国家意义上看到了善治带来的弊端，有理性的意义。法治、刑治、力治是商鞅所倡导的。商鞅认为，有法可依，民众就会各安其位，君主操持权柄，善于变通，国家就安全；以力治国，增强兵力，军功是晋升爵禄的主要依据，国家的军事力量就会增强；以刑治国，对不遵循法令的施以重刑。法治、刑治、力治结合，才能富国强兵。

在国家的治理方面，国和民的关系是一对重要的矛盾。商鞅看到，国和民的对立性。商鞅在《弱民》篇中强调民弱国强，二者成反比例关系，是两个背道而驰的发展范畴。民弱就是质朴、守法，听从命令，而民强则是恣意而为，是"越志"而为，是不受控制。民弱和民强在这里核心的含义是民是否守法，也就是民众是否按照国家要求的"轨"行动。商鞅也看到了国和民的统一性。国和民的统一性的内涵典型地体现为商鞅对民富的看法。商鞅认为，民贫就会求富，如果民一个心思求富就容易过分放纵，就会想出各种方法来，因此就会产生虱害。商鞅所说的六种虱害："岁""食""美""好""志""行"。这六种虱害，就其实质来说是安逸享乐之害；是整个社会价值导向偏离农战带来的虚夸之风之害，是没有肯为国家出力从事农战之害。任六害横行，国家必然衰弱。由此来看，商鞅并不是一般意义上反对民富，而是反对因富而产生的怠惰，产生的安逸享乐，从而不能很好地在国家的农战方面发挥作用，主张富之后还要把力量用到农战中去。商鞅从国之政要对民之所乐进行引导的角度，强调为政不能迎合民之所乐，否则就会导致国弱，使国家陷于危亡。在国和民的对立和统一关系上，商鞅立足国富兵强这一主题，主张对妨害国强的民众进行抑制、削弱，而当国和民的关系是同向的时候，对民守法遵从法令则是鼓励、提倡的。所以，商鞅所说的弱民是立足于耕战，主张民能够服务于国家的主旋律、法度，在思想上和国家耕战主题保持一致，在行为上守法而行，反对好逸恶劳，反对虚夸、不务实际等。

国和民的上述对立统一性还表现在商鞅的荣辱观方面。荣辱观是价值观的具体体现。商鞅认为，民众应该以农战为荣。商鞅认为民众基于个人的荣辱观是自私的。如果社会的发展，国家的治理，让"私荣"占了主导地位，民就会对国家所倡导的荣辱贵贱不在意，看轻官吏体系，那国家就会削弱。如果民能够服从国家的荣辱，以农战为荣，国家就会强大。

国家治理从内容上来说就是对国家的资源和人力的有效利用。对此，商鞅提出了自己独到的看法。商鞅认为：利禄出于一个渠道；用统一的规则治理国家，国家就会富饶，国家的资源才能有效聚集，国力就会增强。从人力资源的角度看，人力多，兵力强当然是好事，但是人力多，兵力强并不能必然有利于国家的强盛。商鞅以楚国为例说明了这个道理。楚国的民众有很强的战斗力，楚国也有地利优势，兵甲财物供给充足，但是楚国却战不能胜，守不能固。因此有效的治理，需要在物质资源和人力资源的统筹中坚持法治，修明法度方能国富兵强。

总之，《弱民》篇反对以善治国，强调了以法为主干的治理才是最有效的治理。因为以法治理国家，民众才能遵循国家法理所要求的秩序，贫富、荣辱等以法为遵循，才能有效促进国家强大。

御盗第二十一（亡）

外内第二十二

民之外事莫难于战，故轻法不可以使之。奚谓轻法？其赏少而威薄，淫道不塞之谓也。奚谓淫道？为辩知者贵，游宦①者任，文学②私名显之谓也。三者不塞，则民不战而事失矣。故其赏少，则听者无利也；威薄，则犯者无害也。故开淫道以诱之，而以轻法战之，是谓设鼠而饵以狸也，亦不几③乎？故欲战其民者，必以重法。赏则必多，威则必严，淫道必塞。为辩知者不贵，游宦者不任，文学私名不显。赏多威严，民见战赏之多则忘死，见不战之辱则苦生。赏使之忘死，而威使之苦生，而淫道又塞，以此遇敌，是以百石之弩④射瓢叶也，何不陷⑤之有哉？

民之内事，莫苦于农，故轻治不可以使之。奚谓轻治？其农贫而商富，故其食贱者钱重⑥，食贱则农贫，钱重则商富；末事不禁，则技巧之人利，而游食者众之谓也。故农之用力最苦，而赢利少，不如商贾、技巧之人。苟能令商贾、技巧之人无繁，则欲国之无富，不可得也。故曰：欲农富其国者，境内之食必贵，而不农之征必多，市利之租必重。则民不得无田⑦，无田不得不易⑧其食，食贵则田者利，田者利则事者众。食贵，籴食不利，而又加重征，则民不得无去其商贾、技巧而事地利矣。故民之力尽在于地利矣。

故为国者，边利尽归于兵，市利尽归于农。边利归于兵者强；市利归于农者富。故出战而强，入休而富者，王也。

注　释

①游宦：外出求官。

②文学：这里指儒学，汉代时候演变为经学。

③几：希望渺茫。

④百石之弩：强弩。石，古代重量单位，一石等于一百二十斤。

⑤陷：攻破。

⑥食贱者钱重：食，这里指粮食。钱，指货币，商业交易。

⑦田：耕田。

⑧易：交换。

译　文

在普通民众看来，对外最难的就是战争了，所以用轻法就不能使民甘于驱使。什么叫轻法？就是奖赏少，权威淡薄，淫道大行。什么是淫道？就是能言善辩的人得到尊重，游宦之人得到任用，儒家私学得以张扬。这三种情况若是不堵住，那么民众不肯出战，国家就会失败。所以赏赐少，听从法令的人得不到好处；权威淡薄，不受权威约束的人就得不到处罚。所以一边开启淫道诱导百姓不务正业，一边用轻法驱使百姓去参战，这同诱捕老鼠而用狸猫作饵一样，岂不是希望渺茫吗？因此要想让民众出战，必须用重法。赏赐必须多，必须要有严格的用刑权威，必须堵住淫道。让巧言善辩之人得不到尊贵地位，游走求官之人得不到任用，儒家私学得不到显扬。赏赐多而有严格的刑罚，民众看到作战的赏赐多就忘记了死亡的危险，见到不参加战争受到的侮辱就害怕那样受侮活着。重赏使民众忘记死的危险，严罚使民众害怕痛苦地活着，淫道又被阻塞，用这样的办法迎战强大的敌人，好比用百石的强弩射飘摇的树叶，能有攻不破的吗？

　　民众认为对内之事没有比农耕更苦的了，所以用轻治就不能使民甘于农耕。什么叫轻治？即农民穷而商人富，所以粮食贱轻而钱币贵重，粮食贱农民就穷，钱币重商人就富；不限制工商业，那么从事商业贸易和手工业者就会获利，四处游荡求取生活的人也就增多。因此农民用力最为辛苦，而获利最少，生存不如商人和手工业者。如果能使商人和手工业者不那么多，而国家想要不富，都是不可能的。所以说：想发展农业来富国，国内的粮价必须贵，而对不从事农业生产者的赋税必须增加，贸易的利税也必须加重。那么百姓不得不去种田，不种田的人就不得不花大价钱买粮，粮价高农民就获利，种田利厚从事农业的人就会增多。粮食贵，买粮就不划算，而又加重商人赋税，那么百姓就不得不放弃商业、手工业而赚取耕田之利。所以百姓的力量就会集中到农事上了。

　　所以治国的人，要把守卫边境的好处都给士兵，贸易的好处都给农民。边境的好处都让给士兵，就强大；贸易的好处都让给农民享有，就富庶。所以对外征战强悍，对内休养生息获得富裕，就能称王天下了。

边利归于兵，市利归于农

　　《外内》篇是商鞅农战思想的进一步阐释。《外内》篇认为对外的大事就是战争，对内的大事无过于农耕。从对外和对内的两个角度分别阐述了战争和农耕的重要性及其使民从事农战的方法。

　　要让民众不顾战争的生死危险而投入战争，商鞅认为重要的是堵塞淫道，即对三种人进行限制：一是能言善辩的人，二是游走求官的人，三是宣扬无用学说之人。商鞅的本意是让民众归心于战。他对三种人的限制一方面可以集中社会人力、物力于战争，集中社会资源，满足国家生存发展的需要，使得在诸侯争霸的背景下，兵强国富，立于不败之地，一统天下。另一方面，我们也需要认识到，在诸国争霸，以力胜的年代，这些禁止三种人的方法对于调动社会资源是有作用的。这种禁止一定是在特殊的时代背景下的禁止，不能跨越具体的社会历史条件实行这种禁止，否则就会造成社会治理目标的单调，社会发展的功利性价值取向片面。社会发展的功利性价值取向，与工具性始终都要有一定张力，只是偏重某一个方面，社会发展就会产生发展中的畸形、变异。

商鞅认为，国家治理对内就要使民力用在促进地力的开发，多产粮食。商鞅认为，为了使民众归心于农，就要让粮食比钱币贵重。这里有一个社会价值取向的引导问题。价值取向的引导首先是治理中的措施到位。商鞅认为，通过对工商贸易、手艺人征收重税，从现实利益上让粮食贵重起来，让以力做事的农者尊贵起来。这是法家以农为本思想的体现。这一农本商末的思想在现实国家治理中形成了中国文化中对以力谋食者的尊重，对商业贸易、金钱往来从骨子里产生的鄙视是在长期的封建社会中形成的。当然在封建等级社会里两种情况并存：以力谋食者处于社会底层，在尊卑等级中他们的社会地位较低。另一方面，在中国文化中，民族心理中有一种对于以力谋食致富者、成功者的尊重和敬意，对于投机取巧、靠谋算成功者的鄙视。这一价值取向不能说和商鞅的农商本末思想没有关系。

君臣第二十三

古者未有君臣上下之时，民乱而不治。是以圣人列贵贱，制爵位，立名号，以别君臣上下之义。地广，民众，万物多，故分五官①而守之。民众而奸邪生，故立法制、为度量②以禁之。是故有君臣之义、五官之分、法制之禁，不可不慎也。处君位而令不行，则危；五官分而无常，则乱；法制设，而私善行，则民不畏刑。君尊，则令行；官修，则有常事；法制明，则民畏刑。法制不明，而求民之行令也，不可得也。民不从令，而求君之尊也，虽尧、舜之知，不能以治。明王之治天下也，缘法而治，按功而赏。凡民之所疾战不避死者，以求爵禄也。明君之治国也，士有斩首、捕虏之功，必其爵足荣也，禄足食也。农不离廛③者，足以养二亲，治军事。故军士死节，而农民不偷也。

今世君不然，释法而以知，背功而以誉。故军士不战而农民流徙。臣闻：道民之门在上所先。故民，可令农战，可令游宦，可令学问，在上所与。上以功劳与，则民战；上以《诗》《书》与，则民学问。民之于利也，若水于下也，四旁④无择也。民徒可以得利而为之者，上与之也。瞋目扼腕⑤而语勇者得，垂衣裳⑥而谈说者得，迟日旷久积劳私门者得。尊向⑦三者，无功而皆可以得，民去农战而为之。或谈议而索之，或事便辟而请之，或以勇争之。故农战之民日寡，而游食者愈众。则国乱而地削，兵弱而主卑。此其所以然者，释法制而任名誉也。

故明主慎法制。言不中⑧法者不听也，行不中法者不高也，事不中法者不为也。言中法，则辩⑨之；行中法，则高之；事中法，则为之。故国治而地广，兵强而主尊。此治之至也，人君者不可不察也。

注　释

①五官：古代分别掌管五种事情的官职。

②度量：即度量衡。

③廛：民居区域之称。

④四旁：指东西南北的方向。

⑤瞋目：瞪大眼睛。扼腕：自己以一手握另一手腕，形容愤怒、气愤、激动等。

⑥垂衣裳：垂着双手，指无所事事的样子。

⑦向：从前，此指以上。

⑧中：合，符合。

⑨辩：这里指言辞动听。

译　文

古时没有君臣上下等级的时候，民众纷乱不得治。所以圣人划分贵贱，定爵位之制，建立名号，以分君臣上下等级之别。由于国土广袤，人口众多，物产丰饶，所以分设五官来管理。人口众多奸邪之事就可能产生，因此创制法度、度量衡来限制奸邪产生。所以有君臣上下尊卑的等级关系、五官的职守、法制的禁忌，民众的行事不能不慎重。处在君位而命令不能畅通，那就危险了；五官有职守却没有一定的规矩，那就乱套了；有法制，而私惠之风仍然畅行，那么民众就不惧怕刑罚了。国君有尊严，政令才能行通；官吏清明，政事才有规可循；法度分明，民众才惧怕刑罚。法度不明，而要求民众服从法令，那是办不到的。民众不服从君主的政令，而要使国君有尊严，即使以尧舜那样的智慧，也做不到。明君治理天下，遵照法度来处理政事，论功行赏。凡是民众奋勇作战不畏死亡者，不过是为了求得爵禄。明君治理国家，战士有斩得敌人首级、抓获俘虏的功劳，一定让他的爵位足以荣耀，利禄足以养活家人。农民不离开居所，足可奉养双亲，也可供给军队所需粮草。只有这样，士兵才拼死杀敌，农民才不惰怠。

当今的国君却非如此，他们抛弃法度而任人以智慧，不注重功劳而任人以声誉。所以将士不肯奋勇作战而农民迁离故土。我听说：引导民众的关键在于国君的倡导。因此民众，可以使其务农作战，也可以使其游走求官，也可以使其致力于学问，这些全取决于国君的引导。国君论战功行赏，民众就奋勇作战；国君按民众所读《诗》《书》的水平赐予爵禄，民众就致力于学问。民众对利益的追逐，好比水向低处流一样，是没有东西南北方向选择的。民众喜欢得利而为之，那么君主就给他们利。气势汹汹、好武善勇的人得到奖赏，高谈阔论、无所事事的人得到奖赏，滋滋于权贵私门的人得到奖赏，以上三种人得到尊崇，也就是对国家没有功劳都可以得到奖赏，那么民众就要放弃农战而做这些事了。有的人用空谈去求得奖赏，有的人依附权贵而获得奖赏，有的人用悍勇去争得奖赏。所以国家从事农战的人就日益减少，而游荡吃闲饭的人就会越来越多。那样国家就会混乱，土地就会被割削，军队力量就会被削弱，国君的地位就会变得卑微。究其产生这样结果的原因，是国君抛开法制而任用虚名。

所以贤明的君主要重视法制。不合乎法度的言论不去听，不合法度的行为不去推崇，不合法度的事情不做。言论合乎法度，就是好听的；行为合乎法度，就要推崇；事情合乎法度，就要去做。因此，国家就会治理得法，国土就会扩大；军队强大，国君地位尊崇。这就是治世的最高境界，国君不能不明察呀。

以法导民，言行事三中法

　　《君臣》篇是商鞅政治伦理思想的典型体现。商鞅从人类文明史的角度看君臣、五官和法制的设立及其功能。君臣之义、五官之分、法制之禁，三者的共同目的都是出于治乱的需要。而在这三者之中君臣之义与五官之分靠的都是特定的规则来维护。君臣之义，商鞅强调的是君令畅通，君令的威力，也就是行政命令的威力，为此，君主也必须从国家的大局出发治理国家。五官职能的区分关键在于有"常"，即遵守规则。因此三者之中法治规则是基本的规则，法制之禁忌既是独立的规则，同时法治规则又是贯穿君臣之义、五官之分的基本规则。法治主义的内容，在商鞅的思想中更偏向于法制、刑治。甚至有时候商鞅把法制等同于刑制。如商鞅云："法制明，则民畏刑。"

　　在商鞅的君臣政治伦理关系中，君主处于主导、支配地位，君尊臣卑，君臣关系是等级高下、地位高下的关系。君主要遵循法治的原则。但是在法家的社会治理中，君主的统治不是任意的，不能依据世俗声誉的虚名评价进行赏赐，而是要遵循法治的原则。首先这一原则，在商鞅的思想中是要服务于农战这条主线的。具体表现在君主实行赏罚的时候要因功赏罚，根据战功赏罚，让民众能够奋不顾身去杀敌立功，能够让民众一心务农，这样的赏罚才是一个君主应该做到的。商鞅认为法治是君主言行事务的标准。商鞅从言、行、事三个方面说明君主要审慎地遵循法制。要听合乎法度之言，要推崇合乎法度之行，要做合乎法度之事。一切不合乎法制准则的言语不能听，不合乎法制准则的行为不能做，不合乎法制的事情不能做。法的标准化是商鞅法治主义的重要内容之一。

　　君主对臣民有引导的责任。商鞅认为："道民之门在上所先。"君主要发挥积极能动性，在社会治理中发挥导民的作用。社会人群是多种多样的，有喜欢学问之士，有游宦之民，有农战之徒。在以实力取胜的战国时代，君主的导向、倡导和支持的方向关乎社会发展的方向，关乎富国强兵目标是否能够实现。因此，君主的导向十分重要。君主的导向就是国家的导向，是整个社会的发展方向。君主奖励农战是一种导向，奖励辩学之士、游宦之民也是一种导向。因此，君主要很好地发挥导向作用，把臣民的力量引导到农战上去，这样国家才能强大。君主依靠什么来引导臣民？无非是赏罚。后来在韩非的思想中把赏罚作为君主手中的权柄，君主要很好地运用这一权柄，达到巩固君权的目的。

总之，《君臣》篇论述了君臣、五官、法制在治理国家中的地位和作用。君臣上下的等级制是社会的基本秩序，官位的设立是为了辅助君主来管理国家，法制是禁止民众做坏事的。君王要得到民众的尊崇，政令才会畅通；臣子为官清廉，社会才会稳定。而明确的法制是实现以上两点的保障。法律严明，奖赏得当，才能够使将士拼死杀敌，农民努力种田。《君臣》篇在强调君主的权力的同时，实际上在法治意义上也规定了君主行为的界限。指出君主要以法为度，以法为则，如此必能君尊国强。

商鞅的君臣政治伦理是建立在法制基础上的伦理，这点和儒家建立在礼制基础上的伦理是有很大的区别。商鞅法制基础上的君臣伦理是以国富兵强为目的，以法治、刑治、力治为手段；儒家礼制基础上的君臣伦理是以实现社会秩序的和谐安定为目标，以德治为手段。

禁使第二十四

人主之所以禁使者，赏罚也。赏随功，罚随罪。故论功察罪，不可不审也。夫赏高罚下，而上无必知其道也，与无道同也。凡知道者，势、数①也。故先王不恃其强而恃其势；不恃其信，而恃其数。今夫飞蓬②遇飘风而行千里，乘风之势也；探渊者知千仞③之深，县绳④之数也。故托其势者，虽远必至；守其数者，虽深必得。今夫幽夜，山陵之大，而离娄不见。清朝日䜣⑤，则上别飞鸟，下察秋豪。故目之见也，托日之势。得势之至，不参⑥官而洁，陈数而物当⑦。今恃多官众吏，官立丞、监⑧。夫置丞立监者，且以禁人之为利也。而丞、监亦欲为利，则何以相禁？故恃丞、监而治者，仅存之治也。通数者不然也。别其势，难其道。故曰：其势难匿者，虽跖不为非焉。故先王贵势。

或曰："人主执虚后⑨以应，则物应稽验⑩，稽验则奸得。"臣以为不然。夫吏专制⑪决事于千里之外，十二月而计书⑫以定。事以一岁别计⑬，而主以一听，见所疑焉，不可蔽⑭，员⑮不足。夫物至，则目不得不见；言薄⑯，则耳不得不闻。故物至则变⑰，言至则论。故治国之制，民不得避罪，如目不能以所见遁心。今乱国不然，恃多官众吏。吏虽众，事同体一也。夫事同体一者，相监不可。且夫利异而害不同者，先王所以为保⑱也。故至治，夫妻交友不能相为弃恶盖非，而不害于亲，民人不能相为隐。上与吏也，事合而利异者也。今夫骘虞⑲，以相监不可，事合而利同者也。若使马焉能言，则骘虞无所逃其恶矣，利异也。利合而恶同者，父不能以问子，君不能以问臣。吏之与吏，利合而恶同也。夫事合而利异者，先王之所以为保也。民之蔽主，而不害于监，贤者不能益，不肖者不能损。故遗贤去智，治之数也。

<h1 style="text-align:center">注　释</h1>

①势：位势，客观形势。数：方法手段。

②飞蓬：指枯后根断遇风飞旋的蓬草。

③仞：测量深度的单位，一仞约合八尺。

④县（xuán）绳：悬绳。

⑤颛（tuān）：明亮。

⑥参：相间，夹杂，多的意思。

⑦物当：指事各安其位，延伸为治。

⑧丞、监：应是负责监察监督的官吏。

⑨虚：与实相对，执虚指排除主观意念。后：指懂得无争，退守。执虚后为道家的基本理念。

⑩稽验：稽，查核。稽验，查核验证。

⑪专制：独立行事。

⑫计书：向国君呈报的文书，是战国时的赋税档案，记载户口、垦田、钱粮出入之数的簿册。它是国君对民众进行经济盘剥和政治统治的重要依据。

⑬计：计算，核算。

⑭蔽：审断，判决。如：蔽罪（定罪），蔽狱（冤狱）。

⑮员：物的数量。

⑯薄（bó）：迫近，靠近。

⑰变：通"辨"，明辨。

⑱保：连坐。

⑲驺虞：本指豢养鸟兽之官，此指养马之人。

<h1 style="text-align:center">译　文</h1>

赏赐和刑罚是君主用来调动和制止臣下的手段。赏赐依据功劳，

刑罚根据罪行。因此，论功判罪，不能不审慎。赏功罚罪，国君如果不能确知其中的道理，那有法度等于没有法度。凡是懂得其道者，就是懂得客观形势和统治方法。所以古代帝王不倚仗他的强悍，而是倚仗其势；不仗恃其忠信，而是倚仗其数。就像飞蓬遭遇旋风而飘越千里，是因为凭借风的势；测量深潭的人能够知道千仞之深，是因为运用了悬绳测量之数。所以依凭势功用，虽远必至；掌握了数，即使是万丈深渊也一定能测出来。假如现在是漆黑的夜晚，即使有一座巍峨的高山，传说中的视力特强的离娄也看不见。而在清晨阳光明亮，他抬头仰望能够看到天上的飞鸟，低头俯视能辨别地上的毫毛。所以眼睛能看见东西，是依靠了太阳这一客观条件。善于利用势的君主，无需多设官吏便能够达到廉洁的效果，运用合适的方法，政事就会得到治理。当今君主依靠官多吏众治理，官吏中设立监察作用的丞和监。设立丞和监，是为了禁止官员们谋私利。但丞和监也会去谋私利，那么怎么去禁止他们呢？因此依靠丞和监来治理，国家只能免于危亡而已。通晓治国之术的君主不会这样去做。分析其势，使谋私之道无路可行。所以说：有势治的情况下，是难以做到隐瞒其私利的，即使是盗跖也不敢做坏事。所以古代帝王重视对势的运用。

有人说："君主以虚心、退守的态度对待一切，就能使事物得到核查校验，经过核查校验就能发现奸邪。"我认为不是这样。官吏在千里之外独立决断政务，十二个月按时将地方的大小事情登记在簿书上。各类事情以一年为单位分别核算，而君主统一听取汇报，即使有所怀疑，也不能断定，因为证据不足。但是事物在眼前出现，眼睛就不会看不到；言语在耳边响起，就不会听不见。所以东西在眼前就能够分辨清楚，言语只有表达出来才能讨论决定。所以治理清明的国家的法度，民众不能隐藏其罪恶，就像眼睛不能使所见到的东西逃出内心的审视一般。今天政治昏乱的国家不是这样，只凭官吏众多。官吏虽多,利益一致。利益一致,不可能互相监督。而利害不同,才是古代君主实行连坐的根据。所以好的治理,夫妻、朋友都不能互相包庇、掩盖罪恶,但并不妨害亲情,而是民众不允许他们隐瞒。君主与官吏,就是事务相关而利益不同的关系。如果让马夫和马夫之间互相监督就不行,因为他们事务相关而利益一致。假如马有一天会说话,马夫的罪恶就无处隐藏了,因为马和马夫的利益是不同的。利益一致、罪恶相同的人,父亲不能追究儿子,君主不能追究臣下。官吏与官吏,就是利益相同而罪恶也相同。只有事务相关而利益不同,才是君主建立连保制度的根据。民众蒙蔽君主,而监督形同虚设,这样的情况下,贤者也不能增加,不贤之人也不能减少。所以治国可以冷落贤人、屏除智者,这是政治清明的方法。

势数为赏罚之道,法令为清明之要

禁使,即限制和驱使,制止和调动。制止犯罪,调动民众的积极性。篇题取了首句中的两个字作为标题。《禁使》篇是商鞅治理思想的深化。商鞅强调了赏罚是君主治理民众的两种重要、有效的手段。商鞅的这一思想后来在韩非的思想中进一步发展为把赏罚作为君主的权柄之所在的思想。韩非认为,君主只有牢牢地掌握赏罚权力,才能把统治权紧紧地握在自己手中;如果赏罚权旁落,掌握在臣下手中,权力就会转移到臣下手中,造成对君主权力的威胁。在《禁使》篇,商鞅集中探讨了实施赏罚之道,"势"和"数"十分重要,是关键所在。

"势"是法家学说的重要概念,它和"法""术"一起构成了法家思想的标志性概念。什么是"势"?从《禁使》篇我们可以看到,"飞蓬"借"飘风"之势,"目之见"借"日"之"势"。从这些叙述我们可以看出,商鞅所说的"势"就是条件,是促成事物发展的有利条件。在《禁使》中"数"的描述比较少。从仅有的描述中我们可以大概看出，"数"是知"千仞之深"的手段，是知深度的"数"。"数"和"势"都是促成事物成功的必不可少的要素，但是"数"和"势"又有所不同，"势"是能够助力事物发展的有利条件，"数"则是衡量事物的有效方法。商鞅在《禁使》篇多次强调"势"和"数"对治理的重要性，强调它们是治理之道的钥匙。治理只有通达"数"和"势"，才能达到良好的治理效果。

赏罚之道在"数"和"势"，落实到具体的实践过程中则是有效的监督。监督是有效治理的重要手段。《禁使》篇强调了如何实施有效监督的问题。商鞅认为，官多吏众的状态下，如果官吏事务相同，只有共同利益，是无法实施有效监督的。商鞅认为，要使夫妻、朋友之间不互相隐瞒，就要使他们之间不能只有共同利益，使他们利益上要有差异性；只有利益上的差异性，才能形成互相监督的机制。商鞅在监督的问题上，主张把事务的共同性和利益的差异性相结合，形成有效的监督。

法令是有效监督的根本前提。为了说明这一点，商鞅对无为和有效监督之间的关系进行了理性的梳理。无为不是有效监督的前提，而是有效监督的结果。法令是有效监督的前提，法令如果能够得到很好的执行，那么民众不能隐藏他们的罪恶，君主才能虚心、退守，社会才能得到有效的治理。

商鞅从利益及其相关性看监督的有效性，这一思考对我们的监督及监察文化有一定的启示。但是监督、监察文化的形成是十分复杂的。在全球化、文化利益多样化的今天，我们强调共同体的利益，强调共同体的文化认同的重要性；如果抛开共同体单纯看差异性，形成督察监督，这样的督察、监督，在实践中事实上形成了人与人之间，朋友、夫妻之间的反目，极大的消极后果是我们不能不重视的。商鞅把法令看做是有效监督的根本，这一看法，在今天仍然有穿透时光的意义。

慎法第二十五

凡世莫不以其所以乱者治，故小治而小乱，大治而大乱。人主莫能世治①其民，世无不乱之国。奚谓以其所以乱者治？夫举贤能，世之所治也，而治之所以乱。世之所谓贤者，善正也。所以为善正也，党②也。听其言也，则以为能；问其党，以为然。故贵之不待其有功，诛③之不待其有罪也。此其势正使污吏有资④而成其奸险，小人有资而施其巧诈。初假⑤吏民奸诈之本，而求端悫⑥其末，禹不能以使十人之众，庸主安能以御一国之民？彼而党与⑦人者，不待我而有成事者也。上举一与民，民倍主位而向私交。民倍主位而向私交，则君弱而臣强。君人者不察也，非侵于诸侯，必劫于百姓。彼言说之势，愚智同学之，士学于言说之人，则民释实事而诵虚词。民释实事而诵虚词，则力少而非⑧多。君人者不察也，以战必损其将，以守必卖⑨其城。

故有明主忠臣产于今世，而欲领其国者，不可以须臾⑩忘于法。破胜党任⑪，节去言谈，任法而治矣。使吏非法无以守，则虽巧不得为奸。使民非战无以效其能，则虽险不得为诈。夫以法相治，以数相举。誉者不能相益，訾⑫者不能相损。民见相誉无益，习相爱不相阿⑬；见訾言无损，习相憎不相害也。夫爱人者，不阿；憎人者，不害。爱恶各以其正，治之至也。臣故曰：法任而国治矣。

千乘能以守者，自存也；万乘能以战者，自完也。虽桀为主，不肯诎^⑭半辞以下其敌。外不能战，内不能守，虽尧为主，不能以不臣谐所谓不若之国。自此观之，国之所以重，主之所以尊者，力也。于此二者本于力，而世主莫能致力者，何也？使民之所苦者无耕，危者无战。二者，孝子难以为其亲，忠臣难以为其君。今欲毆其众民，与之孝子忠臣之所难，臣以为，非劫以刑而驱以赏莫可。而今，夫世俗治者，莫不释法度而任辩慧，后功力而进仁义，民故不务耕战。彼民不归其力于耕，即食屈^⑮于内；不归其节于战，则兵弱于外。入而食屈于内，出而兵弱于外，虽有地万里、带甲百万，与独立平原一贯^⑯也。且先王能令其民蹈白刃，被^⑰矢石，其民之欲为之，非好学之，所以避害。故吾教令：民之欲利者，非耕不得；避害者，非战不免。境内之民莫不先务耕战，而后得其所乐。故地少粟多，民少兵强。能行二者于境内，则霸王之道毕矣。

注　释

①世治：世世代代地统治。

②党：意见相合的人或由私人利害关系结成的团体。

③诛：责罚。

④资：凭据。

⑤假：借用，利用。

⑥端悫（què）：端，直也。悫，诚也。正直诚谨。

⑦与：交往。

⑧非：通"诽"，诽谤。

⑨卖：叛卖，丢弃。

⑩须臾：片刻。

⑪党任：这里指由党羽带来的奸佞。

⑫訾（zǐ）：诋毁。

⑬习：平素。阿（ē）：偏袒，徇私。

⑭诎（qū）：通"屈"。

⑮屈：亏。

⑯一贯：一样的。

⑰被：遭受，遭遇。

译　文

　　现在的君主总是用乱国的方法治理国家，所以他们管的少国家就小乱，管的多国家就大乱。没有一个君主能够世世代代统治民众，世界上没有不乱的国家。什么叫用乱国的方法治国？任用贤能的人，就是现在国君们采用的方法，这就是用乱国的方法去治理国家。世人所说的贤人，是指善良、正直的人。可是善良、正直的名声是出自其党羽的偏好。君主听信这种言论，就认定其人贤能；询问其党羽，都称赞其贤能。因而，不待立功就给予赏赐；不待有罪就给予惩罚。如此一来，就使贪官污吏有了完成奸险行为的可乘之机，使小人施展巧诈有了可乘之机。贤能治理一开始就给了官吏和民众欺诈的机会，这样一来，希望他们在实践中端正和朴实，即使是大禹也不能以此统领十人的小团队，平庸的君主又怎能以此治理好一国的臣民？那些结党营私之人，不待君主发令就能达到自己的目的。君主任用这样的人，臣民就会背叛君主而倾向私交。臣民背叛君主而倾向私交，君主的力量就弱，大臣的力量就强。君主认识不到这一点，要不就会被诸侯侵犯，要不就会被百姓民众推翻。看重言说形成氛围，愚昧和智慧的人就都会去效仿，这样一来，民众就不太重视做实事而是去口诵虚词。因而国家的实力就弱而是是非非的东西多。君主如果不察明这点，战必损兵折将，守则丢城弃甲。

　　当今如有明主出现，想要励精图治，不能舍法而治。破解党羽束缚，取消虚妄之言，以法治国，国则治。官吏除了法没有依仗的东西，官吏即使奸诈但也无法做坏事，使民众除了从战没有其他施展能力的地方，民众虽然奸险但却不能做坏事。以法治理国家，以规制人。受到过分的赞誉也不能带来实际的好处，受到诋毁也不能带来实际的损害。民众看到赞誉无益，慢慢地就会友爱相处但是不偏袒对方；民众看到诋毁对人没有什么损害，慢慢地就不去憎恨，不去相互伤害了。喜爱人，但不偏袒，憎恨人，但不贬损人。喜爱和憎恨都有正当的表现，这是治理的至高境界。因此，我认为：以法而治，国家就能得到很好的治理。

千乘之国得以防守，可以自保；万乘之国能够征战，江山稳固。就是桀这样的暴君，也不能通过说软话的方式去屈服于敌人。对外不能征战，对内不能防守，就是尧这样的贤明君主也不能不向不如自己的国家讲和臣服。由是而观，国家之所以受到重视，君主之所以有尊严，都是基于实力。国家受到重视、君主有尊严，这二者都依靠的是实力。而当今的君主不能致力于实力的增强，这是为什么呢？让民众感到辛苦的无过于农耕，让民众感到危险的无过于战争。这二者，孝子为其亲，忠臣为其君都是难以做到的。当今想要使民众从事农耕征战，做这些忠臣孝子都难以做到的事情，我认为，必须以刑罚来威慑，以奖赏来激励不可。当今，世俗的治理者，无不放弃法度而任用聪明辩慧之人，把功力放在仁义后面，因此民众不务耕战。民众不归力于田耕，国内的粮食就会短缺；不归节义于战争，对外兵力就虚弱了。内，粮食短缺，外，兵力虚弱，即使占地万里，拥兵百万，国家也像一个孤零零地站在平原上的一个人一样，没有保障。古代的帝王令其民面对刀剑，迎向箭弩。民众并不是愿意这样做，也不是喜欢这样做，只是为了免于刑罚。因此我们教导百姓：欲得利的人，非耕田无以获利；欲躲避祸患的人，非从战无以避害。境内之民无不以耕战为先，而后得以居家欢乐。因此地虽少但是粮食多，民众人数虽少但是兵力却强。在国内如果能做到这两点，成就霸王之道的条件也就具备了。

以贤治国，不若以法治国

《慎法》篇商鞅首先指出了以贤能治国的弊端，认为以贤治国实质上就是以乱治国，这样是小治小乱，大治大乱。为什么？在商鞅看来，贤能的产生没有客观标准，是否贤能是由人定，尤其是由同党说了算。因此这样的贤能之人一旦被任用就会为自己的党羽之私服务，为其集团的利益，为其小共同体服务，而妨害国家共同体，即君主主导下的共同体的利益。因此商鞅主张以法治国，首先是要反对以贤治国。这是商鞅认清了以贤治国为少数人，为某个小集团的利益服务的本质。因此，依法而治，破除党羽之偏私是《慎法》篇的一个基本思想。

以贤能治国从方法上来说是根据言论、毁誉之言治理国家，商鞅主张的以法治国和这种方法是对立的。依据言论的毁誉治理国家是在引导人们趋向所引导的方向行为，是在引导社会朝着赞誉的方向发展，抑制社会向不赞成的方向发展。商鞅在此看到了国家的政策引导对社会发展的作用。国家的政策引导是通过具体的言论表达，是通过毁誉等发生作用的。而依法治国是根据法令，根据公开颁布的法律来行为、来做事的，这和以贤治国的方法截然不同。以贤治国容易形成党羽之私。以贤治国容易使有共同利益的人结党营私，使那些阿谀奉承之辈为了一己之私用好听的话迷惑人，奸邪、伪诈在此背景下就有了可乘之机。

以法而治，破除贤人政治下的毁誉言论治国，可以使爱恨都有适当的安置，商鞅认为这是治理的至高境界。当然我们可以看到，商鞅所说的爱恨有适当的安置有其具体的内容。喜爱人，但不偏袒，憎恨人，但不害人，一切以法为据。在实践中的确很难做到，但是通过制度，通过法能够做到这点，这就是法治的魅力。趋利避害是民众的本性，只有对有利于国家的耕战进行赏赐，对不利于国家的虚词美言进行惩罚，才能真正把民众的利害引导到国家的需要方向上去。

总之，以法治国而不是以贤能与否治国，以法为据，而不是以毁誉为据，这是《慎法》篇集中表现的主题。战国时代，诸侯争霸，是一个以力胜的年代。只有增强国力，对内增强保障力量，对外增强军事实力。国家才能受重视，君主才能尊贵。一定意义上，实力就是一切，实力决定一切。为了增强实力，必须实行农战，而进行农战，最好的方式是依法治国，引导民心归于农耕和征战之事。

定分第二十六

公问于公孙鞅曰："法令以当时①立之者，明且欲使天下之吏民皆明知而用之，如一而无私，奈何？"

公孙鞅曰：为法令，置官吏。朴足以知法令之谓者，以为天下正②，则奏天子。天子若③，则各主法令之。皆降，受命发官④，各主法令之。民敢忘行法令之所谓之名，各以其所忘之法令名罪之。主法令之吏有迁徙物故⑤，辄⑥使学读法令所谓。为之程序，使日数而知法令之所谓，不中程，为法令以罪之。有敢剟⑦定法令损益一字以上，罪死不赦。诸官吏及民，有问法令之所谓也于主法令之吏，皆各以其故所欲问之法令，明告之。各为尺六寸之符⑧，明书年、月、日、时、所问法令之名，以告吏民。主法令之吏不告，及之罪，而⑨法令之所谓也，皆以吏民之所问法令之罪，各罪主法令之吏。即以左券予吏之问法令者，主法令之吏谨藏其右券木柙，以室藏之，封以法令之长印。即后有物故，以券书从事。

法令皆副⑩，置一副天子之殿中，为法令为禁室，有键钥⑪，为禁而以封之，内藏法令一副禁室中，封以禁印。有擅发禁室印，及入禁室视禁法令，及剟禁一字以上，罪皆死不赦。一岁受法令以禁令。

天子置三法官：殿中置一法官，御史置一法官及吏，丞相置一法官。诸侯、郡、县皆各为置一法官及吏，皆比秦一法官。郡、县、诸侯一受赍来⑫之法令，学并问所谓。吏民欲知法令者，皆问法官。故天下之吏民，无不知法者。吏明知民知法令也，故吏不敢以非法遇⑬

民，民不敢犯法以干法官也。遇民不修法⑫，则问法官，法官即以法之罪告之，民即以法官之言正告之吏。吏知其如此，故吏不敢以非法遇民，民又不敢犯法。如此，天下之吏民虽有贤良辩慧，不能开一言以枉法；虽有千金，不能以用一铢⑮。故知、诈、贤、能者皆作而为善，皆务自治奉公。民愚则易治也，此所生于法明白易知而必行。

法令者，民之命也，为治之本也，所以备民⑯也。为治而去法令，犹欲无饥而去食也，欲无寒而去衣也，欲东而西行也，其不几亦明矣。一兔走，百人逐之，非以兔为可分以为百，由名分之未定也。夫卖兔者满市，而盗不敢取，由名分已定也。故名分未定，尧、舜、禹、汤且皆如骛焉而逐之；名分已定，贪盗不取。今法令不明，其名不定，天下之人得议之。其议，人异而无定。人主为法于上，下民议之于下，是法令不定，以下为上也。此所谓名分之不定也。夫名分不定，尧、舜犹将皆折⑰而奸之，而况众人乎？此令奸恶大起，人主夺威势，亡国灭社稷也道也。今先圣人为书而传之后世，必师受之，乃知所谓之名；不师受之，而人以其心意议之，至死不能知其名与其意。故圣人必为法令置官也，置吏也，为天下师，所以定名分也。名分定，则大诈贞信，巨盗愿悫⑱，而各自治也。故夫名分定，势治之道也；名分不定，势乱之道也。故势治者不可乱，势乱者不可治。夫势乱而治之，愈乱；势治而治之，则治。故圣王治治，不治乱。

夫微妙意志之言，上知之所难也。夫不待法令绳墨，而无不正者，千万之一也。故圣人以千万治天下，故夫知者而后能知之，不可以为法，民不尽知；贤者而后知之，不可以为法，民不尽贤。故圣人为法，必使之明白易知，名正，愚知遍能知之。为置法官，置主法之吏，以为天下师，令万民无陷于险危。故圣人立，天下而无刑死者，非不刑杀也，行法令明白易知，为置法官吏为之师，以道之知。万民皆知所避就，避祸就福，而皆以自治也。故明主因治而终治之，故天下大治也。

注　释

①当时：今日，与下文"明旦"相对。

②正：君长，官长。

③若：同"诺"，答应。

④发官：发，遣，往。发官，遣之官，即赴任。

⑤物故：亡故，去世；世事变故。

⑥辄：立即，就。

⑦剟（duō）：剟削，删除，清除。此指修改。

⑧符：符信，记载命令、公文等，盖有官府印信。

⑨而：乃。

⑩副：副本。

⑪键钥：锁钥。

⑫赍（jī）来：赍，拿东西给人，送给。赍来，送来。

⑬遇：对待。

⑭修法：依照法令（行事）。

⑮铢：古代重量单位，二十四铢为一两。

⑯备民：防备民众。

⑰折：改道。

⑱愿悫（què）：朴实，诚实。

译　文

秦孝公问公孙鞅说："今天制定的法令，明天清晨就想让全国的官吏和百姓都明确了解并去执行，上下一致而没有奸私，应该怎么办？"

公孙鞅说：制定法令，设置相应的官吏。朴实厚道可以让百姓知道法令的具体内容的人，可以任用为当地的官吏，就把他推荐给天子。天子应允，就命令他主管法令。诏令其受命上任，主管所在地的法令。百姓胆敢忘记那些应该遵守法令的某项规定，就用他所忘记的法令的规定惩罚他。主管法令的官吏，若有变更或死去，立刻就命接续他的人学习法令的内容。为他做出规划，让他几日内便通晓法令内容，不能按照规划完成任务的就用法令惩罚他。若有胆敢在刊定法令时增减一个字以上的，就是死罪而不会得到赦免。众官吏和百姓若向主管法令的官吏询问法令的具体内容，主管法令的官吏必须根据他们的问题明确答复他们。而且要制一个长一尺六寸的符券，符券上写明年、月、日、时辰、所问法令的内容。如果主管法令的官吏不告知民众，等到询问的百姓犯了罪，正是他们所想询问的那一条，那就按他们所想询问的那条罪状来惩罚主管法令的官吏。主管法令的官吏在解答问询时，就要把符券的左片给询问法令的人，主管法令的官吏则小心将右片装入木匣，藏在一个屋子中，用法令长官的印封上。即使以后当事人死了，也依照符券内容办事。

法令都有副本，将一份副本放在天子的殿中，殿中给法令专门辟出一个禁室，有锁钥，用封条封起来，把法令的副本藏入其中，用禁印封上。有擅自启开禁室的印封，和进入禁室偷看禁室的法令，以及删改禁室法令一个字以上的，都是不可赦免的死罪。每年一次，将禁室所藏法令颁发给主管法令的官吏。

天子设置三个法官：宫殿中设置一个，御史设置一个，丞相设置一个。诸侯和郡县也为他们各设置一个法官和法吏，全都比照秦的法官之制。诸侯、郡、县一旦接受来自禁室的法令，就学习并询问法令的内容。官吏和百姓想知晓法令的，都询问法官，所以天下百姓、官吏没有不知晓法令的人。官吏明知百姓知道法令，所以官吏不敢以非法手段对待百姓，百姓也不敢犯法来抗拒法官。官吏对待百姓不遵守法令，民众就可以向法官询问，法官就将法令所规定的罪名告诉他们，百姓就用法官的话警告官吏。官吏知道事情这样，就不敢用非法手段对待民众，民众也不敢犯法。像这样，国内官吏和百姓即使有贤良、善辩和狡猾的人，也不敢说一句违法的话，即使有千金之富，也不能使用一铢的钱来做违法的事情。于是聪明、巧诈、贤能的人都改变自身去做好事，都努力自治，服从国家的法令。民众敦厚就容易统治，这是由于法令明白易懂而一定要遵从。

法令就是民众的生命，治国的根本，是用来防备民众作恶的。为治国而抛弃法令，好比希望不挨饿而抛弃粮食，希望不受冻而抛弃衣服，希望到东方而向西走一样，其相去甚远是很明显的。一只兔子跑了，一百个人乱哄哄蜂拥而上，要逮住他，并不是因为捉到兔子后每个人都能分到兔子的百分之一，而是因为兔子的归属没有确定。而市场上有好多兔子在卖，盗贼都不敢去偷，这是因为市场上兔子的归属是明确的。所以，当事物的名分没有确定以前，尧、舜、禹、汤也会像奔马似地追逐，而名分确定后，贪婪的盗贼也不敢夺取。如法令不明确，其条目不确定，天下百姓都会评议，其评议因人而异没有定说。人君在上制定法令，百姓在下议论纷纷，这是法令不定，以下代上，这就是所说的名分不定。名分不定，尧、舜尚且都会违法，何况普通百姓。这样就使奸恶大兴，人君失掉权威，这是国家灭亡的根本。好比古代圣人著书，流传于后世，必须由教师教授，才能知道其具体内容，如不同教师传授，人人都以自己的想法来评议，到死时也不能知道书上文字的具体意义。所以，圣人一定给法令设置法官。设置法官做天下人的老师，就是为了定名分。名分确定了，奸诈之人可以变得正直诚实，人民都谨慎忠诚，而且都能自治。所以确定名分是势所必治的办法，不确定名分是势所必乱的办法。势所必治就不会乱；势所必乱就不会治。势所必乱再加治理，就会更乱；势所必治再加治理，才会更治。圣王在势所必治的情况下来治国，不是在势所必乱的情况下来治国。

微妙深奥的言论即使上等才智的人也不易理解，不需要法令作准则而行为都是正确的，在千万人中只有一个。圣人是针对千万人来治理天下，所以只有智者才理解的东西不能用来作为法令，因为百姓并非人人都是智者。只有贤能的人能理解的东西，不能用来作法令，因为百姓不是人人都贤能。所以圣人制定法令一定要使它明白易懂，愚人智者都能懂得。为百姓设置法官，设置法吏，作为百姓的老师，使万民不致陷入危险的境地。所以圣人掌握政权，天下没有受刑被杀的人，并不是他不用刑，不杀人，而是圣人推行的法令更明白易懂，又给予民众专门的法官、法吏，作他们的老师，教他们懂得法令。从而万民都知道应躲避什么、亲近什么，怎样躲开祸患，接近幸福，就都能自治。明君在人民自治的基础上来从事国家的治理，那样天下就大治了。

以法置官，法官执法

以法令安置官吏的前提是要有法令。法令是定分的关键和核心。关于定分，此篇表述了两层基本含义。一是定分是明确归属。田野中的兔子引来众多的捕猎者，而集市上的兔子无人敢觊觎，其区别就是一个是有归属的，一个是没有归属的。所以定分首先是明确归属。二是定分就是明晰法令规定。商鞅对法令规定明确的作用做了较为充分的肯定。他认为，法令规定明确是防止奸恶，防止君主失掉权威的关键，因此国家的治理不能不有明晰的法令规定。有了法令规定，法令规定如何在治理国家中有效地发挥作用？按照《定分》中的相关思想，我们可以看出，商鞅认为官吏很重要。

《定分》篇商鞅对执法的官吏的素质问题提出了自己独到的看法。法治的执行是人，什么样的人？要有专门执行法令的人，对专门执行法令的官吏应该具有的素养，商鞅在《定分》中首先提出了自己的看法。"置官吏，朴足以知法令之。"一是道德上的要求，法令的执行着要"朴"。"朴"是一种品德，真实、纯真，可以延伸为忠实，要忠实于法令本身，而不是为情感、私利孜孜以求。二是法令知识上的要求。要通晓法令，能够完整准确地理解法令的人。

难能可贵的是商鞅提出了官吏对法令的宣传职责及其追责制度。主管法令执行的官吏有责任和义务让管辖的百姓明确法令。首先，商鞅强调在法令的实施过程中，法官是不能随意添加和减少法令的内容，必须严格遵循、忠实于法令规定本身。其次，在民众法令的咨询过程中，法官要有相应的记录，而且记录要存档保管。在此基础上，商鞅强调主管法令的法官如果没有尽到咨询责任，百姓因此犯了罪，就要用百姓问询的相应的法令来惩罚法官。这是一种追责的方式，也是一种惩罚不尽责的方式。

商鞅对普法的意义做了较为充分的说明。普法的作用，首先，法令普及从行为文化上，可以有效防止官吏用非法的手段对待民众。法令是治理的手段，是治理的准则，是治理的依据，官吏是法令的执行人。依法治理国家排除了以某些权威人士的话语治理国家，以财富的多少治理国家的弊端，凸显治理的公平性。无论是手握权重者还是拥有千金者，都必须遵循法令，因为法令是至上的、唯一的。其次，法令的普及从对官吏和民众两个执法主体来看，可以有效促进这两个主体遵守法令。通过普法，官吏和民众都通晓法令，在这种背景下，官吏要想法外徇私，想在法外治民，那是不可能的。官吏和百姓通晓法令，按照法令行事，对官吏也是一种约束，防止官吏为非作歹，从而把更多的精力能够放在奉公行事上。有利于民众遵循法令，不敢犯法。因为通晓法令，知道了违法会受到严厉的惩罚，因此，就会发挥法令的威慑作用，使民众不敢去触碰法令去犯罪。

　　普法从整个社会的治理方面也有着重要意义，其意义的核心就是使整个社会的运行有规可循。因此，商鞅说："法令者，民之命也，为治之本也。"法令是民之"命"，是治理之"本"。从"命""本"两个概念，充分地反映出商鞅把法令放在了社会治理至高无上的地位上。

　　普法的前提是法令语言的明白易懂，商鞅认为法令语言不是为少数精英人士准备的，而是为了治理千千万万的一般人准备的。在芸芸众生之中要使普普通通、智力水平一般，甚至是智力有些残缺的人都能够通晓法令，这样才能真正发挥法令的作用。因此，法令的语言要能够达到遍知，才能有利于普及。这样民众就能够知道什么是该做的，什么是不该做的，从而真正发挥法令的作用。

　　总之，定分的关键在法令，法令是法治文化的基础。法令要依靠懂法执法的官吏去推行。法令的明白易懂是法治文化的重要前提。法令的简明易懂，有效的普及是治理的公平、公开、透明性的保障，只有民众了解了法令，才能避免民众陷入危险的境地。

张亲霞

　　河南灵宝人，陕西师范大学历史学博士。现任西安外国语大学教授，学科带头人，硕士生导师。曾在西北大学中国思想文化研究所博士后流动站出站。主要从事中国传统思想文化的研究，出版专著《韩非子与中国传统政治艺术》《先秦儒家王权思想的历史演变》等。在中国（也包括加拿大和韩国）哲学社会科学期刊发表论文50余篇。主持国家社科基金、教育部人文社会科学基金项目等科研课题，共计12项。兼任中国伦理学会理事和中国实学研究会理事，以及陕西省哲学学会常务理事和孔子学会常务理事。

《商君书》又称《商君》《商子》，出自商鞅及其后学，是战国时期流传下来的法家重要典籍，是先秦时期中国政治哲学的经典著作，也是记录中华法系法治思想的代表性著述之一。

　　《商君书译注》是一部集注解、原文翻译、内容评述为一体的著述作品。注解与原文翻译，汲取了中华书局出版的蒋礼鸿《商君书锥指》、石磊《商君书》译注等资料。内容评述是本书推陈出新的部分，既关照了先秦的时代语境，同时又结合了现代话语，试图在古与今、传统与现代的结合中探讨商鞅政治法治思想的普遍性，求得对历史的理解，以史为镜鉴。

　　本书结合现代读者的阅读习惯，在原文辨析基础上，直指本义，提升内涵，以方便读者阅读古典著作。